국어순화정책

2

사단법인 국어순화추진회　세종학연구원

「국어순화정책」 제2호를 내면서

　세종성왕 탄신 617돌의 해이자 훈민정음 반포 568돌의 해인 2014년은 20세기 우리나라 국어학계의 대학자이시고 교육자이시며, 애국자이신 외솔 최현배 선생과 한결 김윤경 선생 나신 120돌의 해이다.
　우리 회는 이 뜻깊은 해를 맞이하여 본 회 발행 「국어순화정책」 제2호에 학교 문법 용어에 관한 논문과 말본 갈말 순화어, 그리고 외솔과 한결 선생의 글들을 재편집 수록하기로 하였다.
　진실로 외솔 선생과 한결 선생은 전쟁 바람을 타고 나기도 하셨지만 동시에 우리나라가 구시대의 봉건적인 특권체제를 법령으로 폐기하고, 근대적인 사회제도를 확립 새 문명에 눈뜨기 비롯하는 갑오경장(1894년, 고종 31년)의 기운을 타고 나시어 여러 가지 어려운 고난 속에서도 덜리는 세종성왕, 가까이는 한힌샘 주시경 선생의 자주·민주·창조의 정신 아래, 우리말·글을 연구하시어 국어학 분야의 격저를 저술해 남기신 분들이시다.
　외솔 선생은 겨레 언어의 탁월한 연구 학자로 60여 년간 뜨거운 정열로 국어 순화와 한글 운동에 종사하시어 한글 문화의 독립을 주장하는 한편, 우리말의 말본 체계와 국어학의 체계를 확립하기에 노력하시어 명저 「우리말본」(1937년)과 「한글갈」(1942년)을 남기셨고, 또 학계에서 후진 지도 및 양성은 물론, 광복된 조국의 민주주의 어문 교육 정책을 입안 성공리에 이끌으셨으며, 한글 기계화에도 힘쓰셨다.
　한결 선생은 겨레 문화의 수호와 그 발전 및 겨레 정신의 지킴에 있었으므로 누구보다도 주시경 스승의 뜻함과 가르침을 온전히 받아 이어 한결같이 우리의 말글의 연구와 교육에 지력과 성의를 다하시어 국어학사 분야의 명저 「조선문자급어학사」(1938년)와 우리말본의 분석적 체계를 보다 연구 가장 잘 정돈하여 집대성한 「나라말본」(1948년)을 남기셨다.

때문에 우리 회는 우리말을 우리글로 표현하려 힘썼던 강렬한 주체의식과 자주 정신, 온 국민의 편익을 증진하려 한 민본 민주 정신, 독창적이며, 과학적인 창조 정신을 지니신 세종성왕과 외솔·한결 선생의 정신을 계승하여 우리 세대 겨레 문화의 부흥과 겨레의 영원한 민족 중흥의 과업을 앞당겨 이룩될 수 있도록 하는데 도움이 되도록 하고자 「국어순화정책 2」에 "학술순화어" 중 "말본 갈말을 중심으로" 한 글을 수록 발간하기로 한 것이다.

그리하여 2014년 7월부터 「말본사전」(박종국, 1980년, 정음사)에 수록된 올림말 용어와 학교 문법 용어 등을 수집, 수차 심의하여 정리 완료하였기, 먼저 새 논문 「학교 문법 용어의 변천과 현황」과 「말본 순화어」를 싣고, 다음으로 참고 글로 최현배 선생의 글 「우리말본 머리말」과 「나라사랑의 길 머리말」, 김윤경 선생의 글 「한글 전용을 생활화 하자」, 허웅 선생의 글 「국어순화는 왜 해야 하며 어떻게 해야 하나?」, 박종국(본인)의 글 「말본의 체계와 용어에 대하여」와 「말본책 보기틀」을 한데 묶어 2015년 광복 70돌의 해를 기해 「국어순화정책 2」를 발간하는 것이다.

끝으로 우리 회 학술지 「국어순화정책」을 발간함에 있어 창간호부터 계속 지원해 주신데 대해 재단법인 한글재단 이태형 이사장님과 여러 임원님들께 감사드리고, 논문을 보내주신 성낙수 교수님과, 말본 용어를 수집 정리해 주신 분, 심의 검토하여 주신 심의위원님들, 이 학술지를 맡아 발행해 준 세종학연구원과 관계자 여러분에게도 감사의 말씀을 드린다.

2015년 11월 27일

사단법인 국어순화추진회 회장 박 종 국

국어순화정책
2 · 2014 · 2015

차 례

「국어순화정책」 제2호를 내면서 ·· 박종국······1

\<논 문\>
학교 문법 용어의 변천과 현황 ··················· 성낙수 (한국교원대학교 명예교수) ······5

\<순화어\>
학술 순화어-말본 갈말을 중심으르- ·· 37

\<참고 글\>
우리말본 머리말-1955년판 머리말(「우리말본」, 1937년 초판)-
·· 최현배······67
나라사랑의 길 머리말(「나라사랑의 길」, 1958년 초판)
·· 최현배······70
한글 전용을 생활화 하자(「한결국어학논집」, 서울신문, 1957. 1. 10)
·· 김윤경······75
국어순화는 왜 해야 하며 어떻게 해야 하나?(「국어순화의 길」, 1978)
·· 허웅······85
말본의 체계와 용어에 대하여(「나라사랑 제38집」, 1981. 3. 21)
·· 박종국······117

\<말본책 보기틀\>
우리 말본책 보기틀 ··· 143

학교 문법 용어의 변천과 현황

성낙수(한국교원대 명예교수, 외솔회 회장)

1. 들어가는 말

본고는 '국어순화추진회'가 계획하고 있는 '문법 용어 순화'의 한 부분으로 고등학교 '문법 교과서'에서 사용되고 있는 문법 용어의 정착과정을 살펴보고, 아울러 바른말로의 전환을 모색하기 위함을 목적으로 한다.

학교 문법은 각종 학교에서 가르치는 '문법'을 말하며, 전통 문법, 혹은 규범 문법에 속한다. 또한 학자가 어떤 학설을 주장하든 자유로운 학문 문법과는 달리 전통적 기술 방법에 따르며, 국가 기관에서 공식적으로 인정하는 규범에 의하여 논의된다는 점이 이 문법의 특징이다.

우리나라에서 문법용어가 쓰이기 시작한 것은 서양의 문법이 들어온 것과 역사를 같이 한다. 한국어를 처음으로 문법적으로 연구한 사람들은 선교사들을 비롯한 외국인들이었다. 즉 서양의 문물을 접한 이후에는 서양의 선교사들이 선교를 목적으로 한국어를 연구하였고,[1] 람스테드, 마틴, 루코프 등이 학문적인 연구를 하였다.(고영근 2002 : 15-23)

우리나라 사람으로서는, 국내에서나 외국에 나가 외국어(서양의 언어)를 접한 이후에 문법이라는 개념을 가지고, 한국어를 논의했다고 생각되는데, 이봉운(1897), 유길준(1907 1910), 최광옥(1908) 등의 업적이 그 시초라

---

[1] "19세기 전반기부터 나타나는 지볼트(Fr. von Siebold), 로우니(L. de Rouny), 로스(J. Ross), 리델(F. Ridel), 언더우드(H. G. Underwood) 등의 서양인들의 업적은(중략) 敍述 대상이 될 수 있다.(고영근 2002 : 6)

고 볼 수 있다.(김석득 1983 : 182-228, 남기심·고영근 1993 : 428, 고영근 2005 : 68-76)

규범 문법에서 중요하게 다루고 있는 것은, 첫째 품사 설정과 그 기능과 형태에 관한 것, 둘째 문법 용어다. 이런 문제들은 국가에서 특별히 어떤 규정을 두지 않는 한 학자들의 견해에 따라 차이가 있고, 이론에 따라 다를 수밖에 없다. 그러므로 학교 문법에서 쓰이는 용어도 당연히 교과서의 저자에 따라 차이가 있었다. 그 중에서 가장 문제가 되는 것의 하나는 문법 용어를 고유어로 하느냐, 한자어로 하느냐였다.[2] 국가적으로도 큰 문제여서 이를 통합하려는 노력을 하기도 하였으나, 아직도 그것의 완성은 요원한 형편이다.

필자(성 2010)는 이미 '학교 문법 품사 설정 및 용어 결정의 과정과 문제점'에 대하여 논의한 바가 있어, 그 중에서 본고에 필요한 부분을 깁거나 고쳐서, 우리나라 '문법 용어의 변천 과정과 현황'에 대하여 고찰하려 한다.

2. 문법 용어의 변천 과정과 현황

여기에서는 학교 문법의 용어가 학자와 시대에 따라 어떤 변천이 있었는가를 알아보고, 현재 쓰이고 있는 문법 교과서의 현황도 살펴보려 한다.

2.1. 학교 문법은 준종합적 방법에 의한 체계

이른바 분석주의 체계[3]에 의하여 다루어진 국어 문법을 준종합주의 체

---

[2] 최현배(1999 : 222-227)에 의하면, 문법 용어를 고유어로 한 것은 주시경으로부터 시작되어, 김두봉, 이규영, 권덕규, 신명균에 이어 최현배로 이어졌다고 하며, 한자어는 일본 학자들에 의하여 지어진 것을 우리나라 학자들이 답습한 것이라 한다.

[3] 이와 같이 19세기 말에 서구 문명 수입된 이후 한국어 문법서들의 품사 분류는 다음과 같은 세 가지 유형으로 분류할 수 있다.(문교부 1962ㄴ : 4)

계로 바꾼 이는 외솔이다.(최현배 1927, 1937) 그에 의하여 이루어진 업적은, 품사의 숫자에서도 다르게 나타나고, 잡음씨의 설정, 풀이씨의 끝바꿈 등의 새로운 견해에서도 드러난다. 이와 같은 그의 학설은 광복 후에 학교 문법에 다수 반영되었다.

학교 문법의 역사에 대하여 문교부는 다음과 같이 기술하고 있다.(문교부 1962ㄱ : 3)

(1) "오늘과 같은 학교의 국어 교육이 행해지게 된 것은 신문화 수입 이후의 일이다. 1894년 갑오경장(甲午更張)을 계기로 하여, 구시대의 문화가 서구의 신문화로 교체되었는데, 이때에 새로운 제도의 학교들이 설립되었다. 이때부터 여러 학교에서 비로소 국어를 한 과목으로 교수하게 되었으며, 따라서 국어 문법의 연구가 불가피하게 되었던 것이다. 당시로 말하면, 국어 연구의 토대가 없는 터인데, 갑작스레 학교 [규범] 문법의 교재가 필요했을 것이니, 이 초창기의 고충은 짐작이 가고 남는다."

이와 같이 갑오경장 이후 애국적인, 그리고 학문적인 애착을 가진 많은 국어학자들이 나타나 국어학, 혹은 국어 문법을 연구하였는데, 그 학설은 다음과 같이 조금씩 다르게 분류된다.

(2) 제1기=성립기 22년 [1908—1930]
　　　제1유형의 문법 체계로 일관한 동안.
　　제2기=반성기 16년 [1930—1946]

　Ⅰ. 토와 어미[끝]를 각각 다 독립된 품사[씨]로 세운 문법 체계 ── 제Ⅰ유형
　Ⅱ. 토는 독립 품사로 세우고, 어미는 독립 품사로 세우지 않은 문법 체계 ── 제Ⅱ유형
　Ⅲ. 토나 어미를 각각 다 독립 품사로 세우지 않은 문법 체계 ── 제Ⅲ유형

위에서의 '제Ⅰ유형'을 '분석주의 체계'라 하고, '제Ⅱ유형'을 '준종합주의 체계'라 하며, '제Ⅲ유형'을 '종합주의 체계'라고도 한다.(김석득 1983: 186-424)

제II유형이 새로 나타나서 제I유형과 공존한 동안.
제3기=부흥기 16년 [1946—현재]
제III유형이 새로 나타나서 제II·제I유형이 다 같이 공존한 동안.

그러니 명실상부하게 학교 문법 교육이 이루어진 광복 후에는 세 가지 유형의 이론이 공존하고 있었던 셈이다.

또한 1945년 이후에도 학교 문법에서 <문법>과 <말본>류의 용어가 문제없이 쓰였다. 이는 제3기에 처한 당시의 상황에서 문교부의 인정필로 출판된 중·고등학교 국어 문법 교과서는 도합 8종인데, 그것을 유형으로 나누어 보면 다음과 같다.(문교부 1962 : 5-6)

※ 제I유형   <1종류>
　　김윤경 : 중등 나라 말본　1권
　　　　　　고등 나라 말본　2권
　제II유형   <3종류>
　　최현배 : 중등 말본　3권
　　　　　　고등 말본　2권
　　정인승 : 표준 중등 말본　1권
　　　　　　표준 고등 말본　1권
　　이희승 : 새 중등 문법　1권
　　　　　　새 고등 문법　1권
　제III유형   <4종류>
　　장하일 : 표준 말본　1권
　　이숭녕 : 중등 국어 문법　1권
　　　　　　고등 국어 문법　1권
　　최태호 : 중학 말본　3권
　　김민수·남광우·유창돈·허웅 : 새 중학 문법　1권
　　　　　　　　　　　　　　　　　새 고교 문법　1권

또한 1949년에 검인정교과서를 내면서 8종의 교과서가 각기 다른 씨가

름을 하였는데,
　　1956년에 나왔던 검인정 교과서에 쓰인 이들의 이름은 다음과 같았다.4)

　　(3) <품사 분류표>

A (최현배)	B (장하일)	C (김윤경)	D (정인승)	E (이희승)	F (이숭녕)	G (최태호)	H (김・남・유・혜)	통일안
이름씨	임자씨	이름씨	이름씨	명사	명사	명사	명사	명사
대이름씨				대명사	대명사	대명사		대명사
셈씨					수사			수사
토씨 (잡음씨)	(토)	겻씨 이음씨 (맺음씨)	토씨	조사	(어미)	(토)	(토)	조사
움직씨	풀이씨	움직씨	움직씨	동사	동사	동사	동사	동사
그림씨		그림씨	그림씨	형용사 존재사	형용사	형용사	형용사	형용사
잡음씨 (끝)	(토)	(겻씨) (이음씨) (맺음씨)	토씨 (끝)	(어미)	(어미)	(토)	(토) (어미)	(어미)
매김씨	매김씨	매김씨	매김씨	관형사	관형사	관형사	관형사	관형사
어찌씨	어찌씨	어찌씨	어찌씨	부사 접속사	부사	부사	부사 접속사	부사
느낌씨	느낌씨	느낌씨	느낌씨	감탄사	감탄사	감탄사	감탄사	감탄사
10개	5개	9개	8개	10개	8개	7개	7개	9개

　　이와 같은 혼란스러움을 극복하려는 학교 문법 통일에 대한 첫 공식 논의는, 1958년 12월 2일 국어국문학회 제1회 학술 발표대회 때 '학교 문법 통일 체계 확립을 위한 토론회'에서 나왔으며, '이강로, 송병수, 김계곤' 세 사람이 통일해야 함을 강력히 주장하였다.(한글학회 1971 : 366)
　　여기서도 문법 교과서 집필자들이 초청되어 두 가지 의견으로 나뉘었는데, 최현배 등은 좀 더 시간을 두고 자연스럽게 통일하자고 했고, 이희승 등은 한자어로 통일할 것을 주장하였다.(한글학회 1971 : 366)

---

4) 원문에는 저자의 이름이 없으나, 필자가 다른 자료를 참고로 하여 (　) 안에 넣었음. (문교부 1964 : 6)

그 뒤에도 대학 입시에서 더욱 문제가 생겨 1962년에 국어국문학회에서 46명의 회원들이 "학교 말본을 통일하라."는 건의문을 문교부에 냈다. 결국 문교부에서는 같은 해 '학교 말본 통일 준비 위원회'를 발족하였으며, 3월에 여러 번의 회의 끝에 '학교 말본 체계'와 '말본 용어에 관한 협의안'을 작성하였다.(한글학회 1971 : 368-369)

2.2. 문법 용어의 통합 과정

학교 문법에서 사용하던 용어는 위에서 살펴 본 품사의 이름과 관련이 있다. 즉 품사의 이름이 고유어이면, 다른 문법 용어도 고유어이고, 전자가 한자어이면, 후자도 한자어였다. 이들의 상호 관계는 다음과 같다.(최현배 1950 : 86-91, 문교부 1962ㄴ)

(1) 문교부 제정 문법 용어표[5]

1. 용어는 당분간, 한 개념에 대하여 순수한 우리말로 된 것과 한자음으로 된 것의 두 가지로 정한다.
2. 문교부 검인정 도서는, 그중의 한 가지를 일관성 있게 쓸 것이며, 다른 한 가지는 대조하여 표시하여야 한다.

<u>1. 말소리와 글자</u>

1. 말소리 : 음성 2. 말소리갈 : 음성학 3. 홀소리 : 모음 4. 닿소리 : 자음 5. 울림소리 : 유성음 6. 안울림소리 : 무성음 7. 홑소리 : 단음 8. 겹소리 : 복음 9. 겹홀소리 : 복모음 10. 겹닿소리 : 복자음 11. 된소리 : 경음 12. 거센소리 : 유기음 13. 허옆소리 : 설측음 14. 굴림소리 : 전설음 15. 소리값 : 음가 16. 첫

---

[5] 이하에서 인용하는 자료들은 맞춤법이 현행 <한글 맞춤법>과 많이 다르다. 그러므로 가능하면 원문대로 인용하기로 한다. 다만, 편의를 위하여 문법 용어의 앞은 순수한 우리말, 뒤는 한자말이다.

소리 : 두음 17. 속소리 : 중음 18. 끝소리 : 말음 19. 소리의 이어바뀜 : 음의 접변 20 홀소리의 어울림 : 모음조화 21. 입천장소리되기 : 구개음화 22. 준말 : 약어 23. 익은 소리 : 속음 24. 버릇소리 : 습관음 25. 고름소리 : 조음소 26. 낱자 : 자모 27. 글자 : 문자 28. 큰 글자 : 대자 29. 작은 글자 : 소자 30. 소리마디 : 음절 31. 맞춤법 : 철자법

2. 임자씨(체언)

32. 씨 : 품사 33. 씨갈 : 품사론 34. 임자씨 : 체언 35. 낱말 : 단어 36. 이름씨 : 명사(외 25)개

3. 임자씨(체언)의 바뀜

62. 자리바꿈 : 격변화 63. 임자자리 : 주격 64. 머김자리 : 관형격 65. 닿을자리 : 여격(외 26개)

4. 풀이씨(용언)의 종류

92. 풀이씨 : 용언 93. 움직씨 : 동사 94. 남움직씨 : 타동사 95. 제움직씨 : 자동사(외 35개)

5. 풀이씨(용언)의 바뀜

131. 끝바꿈 : 어미변화 132. 때바꿈 : 용언활용 133. 줄기 : 어간 134. 뿌리 : 어근(외 58개)

6. 매김씨(관형사)

193. 매김씨 : 관형사 194. 가리킴매김씨 : 지시관형사 185. 셈매김씨 : 수관형사 186. 그림매김씨 : 성상관형사(외 3개)

7. 어찌씨(부사)

200. 어찌씨 : 부사 201. 가리킴어찌씨 : 지시부사 202. 때어찌씨 : 시간부사 203. 물음어찌씨 : 의문부사 204. 걸림어찌씨 : 관계부사

8. 이음씨(접속사)

205. 이음씨 : 접속사 206. 나란히 이음씨 : 대결적 접속사 Coordinate Conjuction 207. 딸림이음씨 : 종속적접속사 208. 느낌씨 : 감탄사

9. 토(조사)

209. 토(씨) : 조사(토를 씨로 볼 때는 "토씨"로 하고, "씨"로 안 볼 때에는 "토"라 할 수 있다. "토"의 내용은—임자씨에 붙거나, 풀이씨에 붙거나 각기 체계에 따라 정할 것이며, 용어로써 그 체계를 구속하지 않는다.) 210. 앞토씨 : 전치사Preposition 211. 뒤토씨 : 후치사Post-position 212. 잡음씨 : 지정사

10. 가지(접사)

213. 가지 : 접사 214. 앞가지 : 접두사 215. 끝가지 : 접미사 216. 속가지 : 접요사(외 5개)

11. 월(문장)

222. 월 : 문장 223. 월갈 : 문장론 224. 조각 : 성분 225. 임자말 : 주어(외 41개)

12. 월점(문장부호)

267. 월점 : 문장부호 268. 온점 : 종지부(.) 269. 쌍점 : (:) 270. 쌍반점 : (;)(외 10개)

13. 붙임

281. 말본 : 문법 282. 글말 : 문어 283. 입말 : 구어 284. 우리말 : 국어(외 8개)

1963년 2월에는 '학교 문법 통일을 위한 간담회'를 문교부가 구성하여 통일 방안에 대한 여러 문제를 협의, 심의 방침을 결정하고. 3월에 '제1차 국어과 교육 과정 심의회'를 개최하고 김형규가 정한 '대구분 품사'6)대로 채택하였다.

문교부는 4월 15일, 이른바 '학교 말본 통일 전문 위원회'의 첫 번째 회의를 열어 이희승을 의장으로 뽑고, 전문위원들은 각기 통일 방안에 대한 의견을 개진하였다.(최현배 1999 : 217-237) 그러나 그 과정은 간단하지 않았다. '전문위원회 경과'에 나타난 자료에서 중요한 결정 사항을 정리하면 다음과 같다.(문교부 1963 : 5-32)

(2) "중·고등 학교에서 지도하는 국어 문법의 체계와 용어를 통일할 목적으로 문교부 국어과 교육 과정 심의회가 중심이 되어 1963년 3월 18일부터 동년 6월 18일 사이에 여러 차례의 토의를 거듭한 끝에 그 통일안이 7월 25일에 확정 공포되었다. 심의 기관인 국어과 교육 과정 심의회는 1963년 4월 8일 학교 문법 통일을 위한 전문 위원회를 구성할 것을 결정했으며, 이로 말미암아 16명으로 구성된 전문 위원회는 4월 15일부터 5월 22일까지 사이에 12 차례의 회의를 거듭하여 숙의한 끝에 문법 체계의

---

6) 문교부에서 1962년 '학교 말본 통일 준비 위원회'에서 다음과 같이 결정한 것임.(한글학회 1971 : 368-369)

 1. 대구분 품사
  ① 체언--명사, 대명사
  ② 용언--동사, 형용사
  ③ 수식어--부사, 관형사, 감탄사
  ④ 관계언--접속사, 토씨
   * '아니다'는 형용사, '이다'는 어미, '존재사'는 형용사로 처리하다.
 2. 문법 용어는 사회적으로 흔히 쓰는 것을 골라 절충식으로 만든다.

통일안으로 품사 분류를 아홉으로 할 것과, 문법 용어 통일안으로 순 우리말로 된 것과 한자음으로 된 말을 절충하는 원칙 밑에 새로운 문법 용어표가 작성되었다. 이 성안은 국어과 교육 과정 심의회로 보고된 다음, 용어에 대하여 계통성이 유지되도록 일부 모순점이 시정되었다. 이상과 같은 과정을 거쳐서 완성된 본 통일안은 1949년 이래 두 갈래로 사용되어 오던 용어와 여러 갈래로 지도하던 품사 분류를 단일화하여, 교과서 개편과 함께 중·고등학교에서 실시될 것이나, 실시 전까지는 이를 참고로 하여 지도하기 바란다."

이 위원회에서 결정한 사항 중 본고와 관련된 것만 추려본다면, 다음과 같다.7)

(3) ㄱ. 품사에 관한 것 : 고유어와 한자어 중 7 : 8로 한자어로 결정.
ㄴ. 말소리에 관한 것 : 고유어와 한자어 중 7 : 1(3명 기권)로 고유어로 결정.
ㄷ. 접사와 기타에 관한 것 : 고유어와 한자어 중 6 : 3(2명 기권)으로 고유어로 결정.
ㄹ. 월에 관한 것 : 고유어와 한자어 중 3 : 6(2명 기권)으로 한자어로 결정.
ㅁ. 월점에 관한 것 : 고유어와 한자어 중 7 : 1(3명 기권)로 고유어로 결정.

이 위원회의 이와 같은 결정으로 확정된 품사와 그 이름은 다음과 같다. (문교부 1964 : 3-6)

(4) "통일안으로서 결정된 문법 체계상의 품사 분류는 ① 명사, ② 대명사, ③ 수사, ④ 동사, ⑤ 형용사, ⑥ 관형사, ⑦ 부사, ⑧ 감탄사, ⑨ 조사 등 아홉 가지다."

---

7) (6ㄱ)과는 달리 (6ㄴ) 이하에서 표결에 참여한 숫자가 줄어든 것은 품사에 관한 내용이 표결된 후 그것을 반대한 네 사람이 퇴장하였기 때문이다.(문교부 보고서 1963 : 15)

우리는 이 과정에서 품사의 분류를 이른바 준종합적 방법을 따르기로 했고, 세부적인 품사 설정에서 많은 논의를 거쳐 9 품사로 결정하였으며, 품사 이름은 한자어로 하기로 정했다는 것을 알 수 있다. 이 '전문위원회에서의 결정사항'은 다음과 같다.(문고부 1963 : 7-16)

(5) 문법 용어표[8]

1. 말소리

1.울림소리 2. 안울림소리 3. 홑소리 4. 겹소리 5. 겹홀소리 6. 겹닿소리 7. 된소리 8. 거센소리 9. 혀옆소리 10. 굴림소리 11. 소리값 12. 첫소리 13. 속소리 14. 끝소리 15. 소리의 이어 바뀜 16. 홀소리 어울림 17. 입천장 소리되기 18. 고름소리 19. 소리마디

2. 체언

20. 품사 21. 품사론 22. 체언 23. 명사 24. 대명사 25. 소사 26. 고유명사 27. 보통명사 28. 매인명사 29. 수명사 30. 복합명사 31. 구상명사 32. 추상명사 33. 집합명사 34. 물질명사 35. 중다명사 36. 인칭대명사 37. 지시대명사 38. 의문대명사 39. 의문대명사 39. 부정대명사 40. 관계대명사 41. 재귀대명사 42. 강세대명사 43. 감탄대명사 44. 합성관계대명사 45. 선행사 46. 양수사 47. 서 수사 48. 소유대명사

3. 체언의 바뀜

49. 격변화 Declension 50. 주격 51. 관형격 52. 여격 Dative Case 53. 탈격 Ablative Case 54. 목적격 Accusative Case 55. 공동격 Conjunctive Case 56. 소격 Instrumental Case 57. 호격 Vocative Case 58. 서술격 59. 강변화 60. 약

---

8) 우리말과 관련이 없는 용어에 원어로 표시한 것을 보면, 이 용어는 우리 문법에만 해당하는 것이 아니라, 외국어 문법에도 해당됨을 알 수 있다.

변화 61. 혼합변화 62. 제일인칭 63. 제이인칭 64. 제삼인칭 65. 성 Gender 66. 남성 67. 여성 68. 중성 69. 통성 70. 수 71. 단수 72. 복수

4. 용언의 종류

73. 용언 74. 동사 75. 타동사 76. 자동사 77. 사동사 78. 능동사 79. 피동사 80. 여격동사 81. 불완전타동사 82. 완전타동사 83. 불완전자동사 84. 완전자동사 85. 재귀동사 Das reflexive Zeitwort 86. 비인칭동사 Das unpersönliche Zeitwort 87. 분리동사 Das trenbare Zeitwort 88. 비분리동사 89. 분리비분리동사 90. 기본사(원사) Das Grundwort 91. 한정사 Das Bestimmungswort 92. 전철 Die Vorsilbe 93. 본동사 94. 조동사 95. 모자란동사 Defective Vert 96. 보조어간 97. 설화조동사 Das modale Hiltszeitwort 98. 형용사 99. 성질형용사 100. 형상형용사 101. 시간형용사 102. 지시형용사 103. 의문형용사 104. 특징형용사 105. 물질형용사 106. 분량형용사 107. 수형용사 108. 배수형용사 109. 개별형용사 110. 소유형용사 111. 관계형용사

5. 용언의 바뀜

112. 어미변화 113. 용언활용 Conjugation 114. 어간 115.[9] 116. 어미 117. 규칙용언 118. 불규칙용언 119. 원형 120. 형 121. 부정형 Indefinite form 122. 종지법(형) (법, 꼴, 형은 체계에 따라 마음대로 쓸 수 있음) 123. 관형법(형) 124. 명사형 125. 동명사 Gerund 126. 병립법(형) 127. 방임법(형) 128. 구속법(형) 129. 가정법(형) 130. 인용법(형) 131. 직설법 132. 서술법(형) 133. 의문법(형) 134. 명령법(형) 135. 접속법(형) 136. 감탄법(형) 137. 청유법(형) 138. 조건법 139. 간접화법 Indirect Narration 140. 직접화법 Direct Narration 141. 정법 Finite Mood 142. 부정법 Infinetive Mood 143. 분사 Participle 144. 현재분사 145. 과

---

9) 원문에 공란으로 되어 있음.

거분사 146. 피동 147. 사역 148. 능동 149. 가능 150. 긍정 151. 부정 152. 희강 153. 시제 Tense 154. 현재 155, 과거 156. 미래 157. 완료 158. 회상 159. 추량 160. 진행형 161. 단순현재진행 162. 단순과거진행 163. 단순미래진행 164. 현재완료 165. 과거완료 166. 미래완료 167. 현재진행완료 168. 과거진행완료 169. 미래진행완료 170. 비교 171. 원급 172. 비교급 173. 최상급

6. 관형사

 174. 관형사 175. 지시관형사 176. 수관형사 177. 성상관형사 178. 관사 Article 179. 정관사 180. 부정관사

7. 부사

 181. 부사 182. 지시부사 183. 시간부사 184. 의문부사 185. 관계부사

8. 접속사 및 감탄사

 186. 접속사 187. 더결적접속사 Coodinate Conjugation 188. 종속적 접속사 189. 감탄사

9. 조사

 190. 조사 191. 전치사 preposition 192. 후치사 post-position

10. 가지 및 기타

 193. 접사 194. 앞가지 195. 끝가지 196. 속가지 197. 겹씨 198. 말밑 199. 뿌리 200. 몸바꿈

11. 문장

201. 문장 202. 문장론 203. 성분 204. 주어 205. 술어 206. 주성분 207. 부속성분 208. 수식어 209. 관형어 210. 부사어 211. 목적어 Accusation 212. 직접목적어 213. 간접목적어 214. 동족목적어 215. 보어 216. 주격보어 217. 목적격보어 218. 독립어 219. 동격 220. 주부 221. 술부 222. 제시어 223. 호어 224. 구(Phrase) 225. 절(Clause) 226. 명사절 227. 관형절 228. 부사절 229. 주어절 230. 술어절 231. 대등절 232. 종속절 233. 주절 234. 단문 235. 복문 Complex Sentence 236. 중문 Compound Sentence 237. 혼성문 238. 종속문 239. 주문 240. 대등문 241. 정치법 242. 도치법 243. 후치법 244. 생략법

12. 월점

245. 월점 246. 온점 247. 쌍점 248. 쌍반점 249. 반점 250. 물음표 251. 느낌표 252. 따옴표 253. 작은따옴표 354. 붙임표 255. 줄표 256. 긴소리표 257. 밑줄 258. 도림

이와 같은 문법 용어는 다음해(1964)에 나온 <편수자료> 5집에서는 약간의 변경이 된 채로 발표되었다.(성 2011 : 111-113) 그 결과는 한국 국어교육 연구회(1964ㄱ, ㄴ)에서 펴낸 책에 그대로 나타나 있다. 다만 문교부에서 지정한 용어 외에 고유어를 사용한 예를 들어 보면 다음과 같다.(한국 국어교육 연구회 1964ㄱ : 1-196)

(6) 말, 소리말(음성언어=音聲言語), 글자말(문자언어=文字言語), 소리글자(표음문자=表音文字), 뜻글자(표의문자=表意文字), 닿소리(자음=子音), 홑닿소리(단자음=單子音), 겹닿소리(複子音), 홀소리(모음=母音) 날숨, 된소리(경음=硬音), 겹글자, 홑홀소리, 겹홀소리, 소리값(음가=音價), 소리의 닮음, 소리의 꺼림, 소리의 즐임, 소리의 덧붙임, 양성모음(陽性母音=밝은홀소리), 음성모음(陰性母音=어두운홀소리), 입천장, 자음접변(닿소리이어바뀜), 모음조화(홀소리어울림), 이은소리(연음

=連音), 긴 소리, 짧은 소리, 소리의 힘, 소리의 가락, 힘올림(Stress accent), 받침, 소리마디의 자리, 쉼표, 마침표, 물음표, 느낌표, 줄표, 따옴표, 묶음표

그 외에 "II. 단어와 품사, III. 문장의 성분" 등에는 한자어 용어를 사용했는데, 과도기여서인지 다음과 같이 고유어를 ( ) 안에 붙여 넣거나 일부를 고유어로 쓰기도 했다.(한국 국어교육 연구회 1964 : 14-130)

(7) 어근(語根=뿌리), 접사(가지), 단사(홀씨), 복합어(겹쎠), 뜻(의미), 꼴(형태), 낱말, 일의 이름, 물건의 이름, 미룸 보조 형용사, 가진 문장, 나란히 문장, 이은 문장

또한 문교부 통일안에 따라 썼다는, 고창식·이명권·이병호(1965 : 17-117)의 책을 보면 다음과 같다.

(8) 말, 말소리[音聲]글, 글자, 표준말, 높임말법[敬語法], 높임말[敬語], 낮춤말[謙讓語], 예사말, 코안, 입술, 이, 웃잇몸, 센입천장, 여린입천장, 혀, 목젖, 숨통(氣管), 밥줄(食道), 입안, 혀뿌리, 혓바닥, 혀끝, 울림소리[有聲音;흐린소리, 濁音], 안울림소리[無聲音, 맑은 소리, 淸音], 소리의 겹침, 닫음, 반닫음, 반엶, 엶, 양순음(兩脣音, 입슬소리), 설단음(舌端音, 혀끝소리), 설면음(舌面音, 혓바닥소리), 설근음(舌根音, 혀뿌리소리), 성문음(聲門音, 목구멍소리), 파열음(破裂音, 터짐소리, 날숨, 마찰음(摩擦音, 갈림소리), 파찰음(破擦音, 터짐갈림소리), 콧소리(通鼻音, 콧소리), 굴림소리(振動音, 舌端音), 혀옆소리(舌側音, 側音), 예사소리[平音], 된소리[硬音, 濃音], 거센소리[激音, 氣音], 예사말, 센말, 거센말, 하나받침, 둘받침, 쌍받침, 소리의 달라짐, 소리의 닮음, 소리의 꺼림, 끝소리의 달라짐, 소리의 닮음, 받침규칙, 뜻(意味, meaning), 꼴(形態, form), 높임의 등분, 해라체(하라체), 하게체(하네체), 하오체(하오체), 하시오체(합니다체), 하소서체(하나이다체), 반달체(하여체), 뜻가짐, 부름, 덧붙임, 끝남, 미침, 한결, 어림, 마찬

가지

2.3. 문법용어 사용의 현황

이른바 통합 문법(문교부 1985) 이후 고등학교 <문법>에서 쓰이고 있는 문법용어의 실제는 다음과 같다. 문교부, 교육부에서는 최근의 교과과정에 문법용어에 관한 특별한 규정을 두고 있지 않은 것을 보면, 1963년의 결정에 기반을 두고 있는 것으로 볼 수 있다. 현재는 고등학교 교과과정에서 <독서와 문법>으로 통합하였으나, <문법>에서 특별히 용어에 관하여 교육부에서 지시한 사항이 없는 것으로 보아 그와 같은 결론을 내릴 수밖에 없다.(교육과학기술부 2012 : 116-132) 그러므로 본고에서는 1991년에 나온 <고등학교 문법>에 쓰인 용어를 대표로 정해서 고찰해 보기로 한다.(문교부 1991)

(1) 1. 총설

언어, 소리 단위, 말, 문자, 글, 국어, 한국어, 우리말, 단일언어, 언어 통일, 방언, 공용어, 교착어, 어족, 국문, 맞춤법, 문법, 말소리, 단어, 문장, 어휘, 표준어, 모국어, 문법 지식, 주어, 명사, 형용사, 조사, 주어, 목적어, 서술어

2. 단어

문장, 단어, 어절, 구, 형태소, 자립 형태소, 의존 형태소, 실질 형태소, 형식 형태소, 문법적 관계, 문법 요소, 접사, 붙임표

3. 품사

품사, 명사, 대명사, 수사, 조사, 동사, 형용사, 관형사, 부사,

감탄사, 고유 명사, 보통 명사, 의존 명사, 자립 명사, 인칭 대명사, 제1인칭, 제2인칭, 제3인칭, 낮춤말, 높임 말, 부정, 지시 대명사, 양수사, 서수사, 체언, 복수, 연결 어미, 부사격 조사, 끝소리, 자음, 모음, 격조사, 접속 조사, 주격 조사, 서술격 조사, 보격 조사, 관형격 조사, 부사격 조사, 호격 조사, 문장체, 구어체, 보조사, 성상 형용사, 지시 형용사, 용언, 보조 용언, 본용언, 보조 동사, 보조 형용사, 활용, 종결형, 연결형, 전성형, 활용어, 어미, 기본형, 활용의 불규칙성, 보편적 음운 규칙, ㅅ 불규칙 용언, ㄷ 불규칙 용언, ㅂ 불규칙 용언, 르 불규칙 용언, 여 불규칙 용언, 러 불규칙 용언, 거라 불규칙 용언, 너라 불규칙 용언, ㅎ 불규칙 용언, 어말 어미, 선어말 어미, 종결 어미, 평서형, 감탄형, 의문형, 명령형, 청유형, 연결 어미, 대등적 연결 어미, 종속적 연결 어미, 보조적 연결 어미, 전성 어미, 관형사형 어미, 명사형 어미, 불완전 동사, 성상 관형사, 지시 관형사, 수 관형사, 성상 부사, 의성 부사, 이태 부사, 지시 부사, 부정 부사, 성분 부사, 문장 부사, 접속 부사, 수식언, 감탄사, 단일어, 복합어, 파생어, 합성어, 파생법, 합성법, 어근, 접사, 접미사, 접두사, 동작성, 한자어

4. 문장

문장 성분, 문장의 골격, 주성분, 부속 성분, 독립 성분, 필수적 성분, 수의적 성분, 주어, 서술어, 목적어, 보어, 불완전한 문장, 관형어, 부사어, 독립어, 성분의 재료, 명사구, 형용사구, 명사절, 절, 주어부, 서술부, 자릿수, 타동사, 자동사, 한 자리 서술어, 두 자리 서술어, 세 자리 서술어, 성분 부사, 문장 부사, 문법 요소, 사동, 주동, 사동사, 사동문, 주동사, 피동, 능동, 피동사, 능동사, 피동문, 시간 표현, 사건시, 발화시, 시제, 과거 시제, 현재 시제, 미래 시제, 동작상, 양태적 의미, 높임, 낮춤, 높임법, 주체 높임법, 상대 높임법, 주체 높임의 대상, 해라체, 하게체, 하오체, 합쇼체, 해체, 해요체, 격식체, 비격식체, 높임말, 낮춤말, 직접 높임말, 간접 높임말, 문장 종결법, 평서문, 두루 낮춤, 간접 인용문, 감탄문, 의문문, 명령문, 직접 명령문, 간접 명령문, 청유문, 행동 수행, 긍정, 부정,

'안' 부정문, 긴 부정문, 짧은 부정문, 중의적, 확인 의문문, '못' 부정문, 홑문장, 겹문장, 안김, 안음, 안은 문장, 안긴 문장, 명사절로 안김, 서술절로 안김, 관형절로 안김, 긴 관형절, 짧은 관형절, 부사절로 안김, 인용절로 안김, 직접 인용, 간접 인용, 이어진 문장, 대등하게 이어짐, 종속적으로 이어짐, 물음, 대답, 긍정의 가정

5. 말소리

음성, 음운, 자음, 모음, 단모음, 이중 모음, 전설 모음, 후설 모음, 고모음, 중모음, 저모음, 폐모음, 개모음, 원순 모음, 평순 모음, 반모음, 두 입술, 연구개, 경구개, 혓바닥, 울림소리, 입술소리, 혀끝소리, 구개음, 연구개음, 목청소리, 파열음, 마찰음, 비음, 유음, 파찰음, 예사소리, 된소리, 거센소리, 안울림소리, 소리를 내는 자리, 소리를 내는 방법, 윗잇몸, 혓바닥, 혀뒤, 목청 사이, 소리의 길이, 긴소리, 음절, 첫소리, 가운뎃소리, 끝소리, 음운의 변동, 음절의 끝소리 규칙, 자음 동화, 구개음화, 모음 조화, 양성 모음, 음성 모음, 축약, 탈락, 된소리되기, 사잇소리 현상, 어감의 분화, 의성 부사, 의태 부사

6. 의미

청각 영상, 개념, 자의성, 상징어, 의성어, 의태어, 단의, 단의어, 다의, 다의어, 중심적 의미, 주변적 의미, 동의 관계, 동의어, 이음 동의어, 이의 관계, 동음 이의어, 유의 관계, 유의어, 반의어, 반의 관계, 하의 관계, 하의어, 상의어, 중의적 표현, 어휘적 중의성, 구조적 중의성, 은유적 중의성, 간접적 표현, 직접적 표현, 관형적 표현, 숙어, 속담, 잉여적 표현, 의미의 확장, 의미의 축소, 의미의 이동

이상의 용어를 살펴보면, 현재 사용하고 있는 문법용어가 질서가 없음을 알 수 있다. 예컨대 1963년의 문교부 결정 사항에서 '문법'이나 '문장'에서 한자어를 사용하기로 했지만, 고유어를 사용하고 있고, 반대로 '말소리'에서

고유어를 사용하기로 했으나, 한자어를 사용하는 경우가 있다. 또한 '낱말 만듦'에 적절하지 않은 예들이 많이 보인다. 다음의 예를 보자.

(2) ㄱ. 높임법(존대법), 높임(존대), 낮춤(겸양), 안김(피내포), 안음(내포), 물음(질문), 이어짐(연결)
ㄴ. 음성(말소리), 자음(닿소리), 모음(홀소리), 폐모음(닫힌 홀소리), 개모음(열린홀소리), 단모음(홑닿소리), 이중 모음(겹홀소리), 전설 모음(앞홀소리), 후설 모음(뒤홀소리), 고모음(높은홀소리), 중모음(가운데홀소리), 저모음(낮은홀소리), 구개음(입천장소리), 연구개음(여린입천장소리), 파열음(터짐소리), 마찰음(갈이소리), 비음(콧소리), 유음(흐름소리), 음절(소리마디), 음운의 변동(음운의 바뀜), 자음 동화(닿소리 닮음), 구개음화(입천장소리되기), 모음 조화(홀소리 어울림), 양성 모음(밝은 홀소리), 음성 모음(어두운 홀소리), 축약(줄임), 탈락(떨어짐)
ㄷ. 자릿수(격수), 한 자리 서술어(일격 서술어), 두 자리 서술어(이격 서술어), 세 자리 서술어(삼격 서술어), 주체 높임법(주체 존대법), 상대 높임법(상대 존대법), 직접 높임말(직접 존대어), 간접 높임말(간접 존대어), 긴 부정문(장부정문), 짧은 부정문(단부정문), 홑문장(단문장), 겹문장(복합문, 혼합문), 안은 문장(내포 문장), 안긴 문장(피내포 문장), 긴 관형절(장관형절), 짧은 관형절(단관형절), 이어진 문장(연결 문장), 음절의 끝소리 규칙(음절의 말음 규칙)

(2ㄱ)은 한자어야 하는데 고유어인 것, (2ㄴ)은 고유어야 하는데 한자어인 것, (2ㄷ)은 낱말 만듦에 있어, 고유어와 한자어가 섞여, 그 규칙에 어긋나는 것들이다. 이와 같이 1963년의 문교부 제정 문법용언에서 벗어나는 것은 학자들이 그것을 잘 지키지 않는 데도 이유가 있겠지만, 여러 번에 걸쳐서 시행되었던, 교과과정에서 그에 대한 확실한 지침이 없었기 때문이기도 하다.

3. 맺는 말

　본고는 광복 이후 우리나라의 각급 학교에서 시행되었던 '문법 교육'에서 나타난 문법 용어의 변천과정을 살펴 보고, 현재 이루어지고 있는 그 부분에 대하여도 고찰해 보는 데 목적이 있었다.
　광복 이후에는 전래의 전통대로 문법용어를 고유어 계열과 한자어 계열이 일관성 있게 저술 되도록 문교부에서 지침을 내렸다. 그 결과 각종 문법 교과서에서도 그 지침에 따라 문제없이 잘 이행되었다.
　1963년에 문교부에서는 학계의 의견을 받아들여 '학교문법 용어 통일을 위한 전문 위원회'를 구성하여 품사의 종류, 품사의 이름, 각 분야의 학술 용어를 제정하였다. 그 때의 규정은 바뀜이 없이 잘 적용되어 오다가, 1985년 이른바 '통합 문법'이 나오면서 새로운 학설의 도입과 여러 학자들의 참여로 그 규정은 유명무실화 되었다. 그 이후에도 그에 대한 문교부(교육부)의 새로운 규정은 이루어지지 않은 관계로 현재도 혼탁하게 시행되고 있다.
　1963년 이후 시대적으로도 많은 변화가 이루어지고, 학문적으로도 다양하게 발전되어 있으므로 이제 쉽고 바른 학교 문법의 용어 제정이 시급하다고 본다.

[참고문헌]

　고영근(2005), 國語學研究史, 서울 : 學研社.
　고영근·남기심(1993), 표준 국어문법론, 서울 : 塔出版社.
　고창식·이명권·이병호(1965), 학교 문법 해설서-문교부 통일안에 따른-, 歷代韓國文法大系 第①部 第38冊, ①104, 金敏洙·河東鎬·高永根 편, 서울 : 塔出版社.
　교육 인적 자원부(1991), 고등 학교 문법, 서울 : 문교부.

김석득(1983), 우리말 연구사, 서울 : 정음문화사.
-----(2000), <외솔 최현배 학문과 사상>, 서울 : 연세대학교 출판부.
문교부(1964), 편수 자료 5집, 서울 : 문교부.
문교부(1991), <고등 학교 문법>, 서울 : 문교부.
성낙수(2010), "학교 문법 품사 설정 및 용어 결정의 과정과 문제점" 문법교육 제2집, 서울 : 한국문법교육학회.
----(2010), 국어와 국어학2, 서울 : 채륜.
최현배(1950), 중등 말본, 서울 : 정음사.
-----(1947), 중등조선말본, 서울 : 정음사.
-----(1982), 우리말본, 서울 : 정음사.
-----(1999), 한글만 쓰기의 주장, 서울 : 정음문화사.
한글학회(1971), 한글학회50년사, 서울 : 한글학회.
허웅(1993), 최현배, 서울 : 동아출판사.

[자료]

문교부(1962ㄱ), 중・고등 학고 국어 문법 지도 지침(유인물), 서울 : 문교부.
문교부 1962ㄴ), "문교부 제정 문법 용어표"미간행물, 서울 : 문교부.
문교부(1963ㄱ), "소위원회 보고 사항" 미간행물, 서울 : 문교부.
문교부(1963ㄴ), "학교 문법 통일을 위한 경과 보고서" 미간행물, 서울 : 문교부.
문교부(1963ㄷ), "술어에 대한 여론" 미간행물, 서울 : 문교부.
문교부(1964), "중・고증학교 학교 문법의 통일," 편수 자료 5집, 서울 : 문교부.

국어 순화 자료

현행 학교 문법 용어	순화된 용어
간접적 표현	건너 나타냄
감탄문	느낌월
개모음	열린홀소리

격
  관형격
  목적격
  보격
  부사격
  서술격
  주격
	자리
	  매김자리
	  부림자리
	  기움 자리
	  어찌 자리
	  풀이 자리
	  임자 자리

격식체	
격조사	자리 토씨
겹문장	겹월
겹받침	겹받침
경구개	센입천장
고모음	높은 홀소리
고유 명사	홀로 이름씨
관용적 표현	

관형사
  성상 관형사
  수 관형사
  지시 관형사
	매김씨
	  그림 매김씨
	  셈 매김씨
	  가리킴 매김씨

관형사구	매김 마디
관형사형 어미	매김꼴 씨끝 (매김씨꼴 씨끝)

관형어
  성상 관형어
  수 관형어
  지시 관형어
	매김말
	  그림 매김말
	  셈 매김말
	  가리킴 매김말

관형절
  긴 관형절
  짧은 관형절
	매김 마디
	  긴 매김마디
	  짧은 매김마디

구	마디

구개음	입천장 소리
구개음화	입천장 소리 되기
구조적 중의성	
긍정	여김
긍정문	여김월
기본형	으뜸꼴
긴소리	긴소리
낮춤말	낮춤말
높임말	높임말
간접 높임말	건너 높임
직접 높임말	바로 높임
높임법	높임법
상대 높임법	들을이 높임법
주체 높임법	임자 높임법
능동	제힘 움직임
능동문	제힘 움직월
능동사	제힘움직씨
다의	여러뜻, 뭇뜻
다의어	여러뜻말, 뭇뜻말
단모음	짧은 홀소리
단어	낱말
단의	한뜻, 홑뜻
단의어	한뜻낱말, 홑뜻말
단일어	홑낱말
대명사	대이름씨
인칭 대명사	사람 대이름씨
지시 대명사	가리킴 대이름씨
독립 성분	홀로 조각
독립어	홀로말
동사	움직씨
보조 동사	도움 움직씨
불완전 동사	모자란 움직씨
동사구	움직씨 마디
동음 이의어	
동의어	한뜻말, 뜻같은말

동작상	
동작주	
된소리	된소리
두루낮춤	두루 낮춤
두루높임	두루 높임
듣는 이	듣는 이
마찰음	갈이소리
말하는 이	말하는 이
명령문	시킴월
간접 명령문	건너 시킴월
직접 명령문	바로 시킴월
명사	이름씨
고유 명사	홀로 이름씨
무정 명사	
보통 명사	두루 이름씨
유정 명사	
의존 명사	안옹근 이름씨
자립 명사	옹근 이름씨
명사구	이름 마디(이름씨 마디)
명사절	이름 마디(이름씨 마디)
명사형 어미	이름꼴 씨끝 (이름씨꼴 씨끝)
모음	홀소리
모음 조화	홀소리 어울림
목적격	부림 자리
목적어	부림말
목청소리	목청소리
문법	말본
문법적 관계	
반모음	반홀소리
반의어	반대말, 뜻반대말
발화시	말할 때
보격	기움 자리
보어	기움말
보조사	도움 토씨

보조 동사	도움 움직씨
보조 형용사	도움 그림씨
복수	겹셈
복합어	겹말
부사	어찌씨
문장 부사	월어찌씨
부정 부사	지움 어찌씨
성분 부사	조각 어찌씨
성상 부사	
시간 부사	때 어찌씨
의성 부사	소리 시늉 어찌씨
의태 부사	시늉 모양 어찌씨
접속 부사	이음 어찌씨
지시 부사	가리킴 어찌씨
부사격	어찌 자리
부사구	어찌 마디
부사어	어찌말
문장 부사어	월어찌말
성분 부사어	조각 어찌씨말
부사절	어찌 마디
부속 성분	딸림 조각
부정	지움
부정문	지움월
긴 부정문	긴 지움월
못 부정문	못 지움월
안 부정문	안 지움월
짧은 부정문	짧은 지움월
부정어	지움말
불규칙 용언	벗어난 풀이씨
거라 불규칙 용언	거라 벗어난 풀이씨
너라 불규칙 용언	너라 벗어난 풀이씨
ㄷ 불규칙 용언	ㄷ 벗어난 풀이씨
러 불규칙 용언	러 벗어난 풀이씨
르 불규칙 용언	르 벗어난 풀이씨
ㅂ 불규칙 용언	ㅂ 벗어난 풀이씨
ㅅ 불규칙 용언	ㅅ 벗어난 풀이씨
여 불규칙 용언	여 벗어난 풀이씨

ㅎ 불규칙 용언	ㅎ 벗어난 풀이씨
불완전 동사	모자란 움직씨
비격식체	
비음	콧소리
사건시	
사동	하임
사동문	하임월
사동사	하임 움직씨
사잇소리	사잇소리
상대 높임법	들을이 높임법
상의어	
상징어	시늉말
서술격	풀이 자리
서술부	풀이 조각
서술어	풀이말
한 자리 서술어	한 자리 풀이말
세 자리 서술어	세 자리 풀이말
두 자리 서술어	두 자리 풀이말
서술절	풀이 마디
선어말 어미	
성분	월의 조각, 조각
독립 성분	홀로 조각
부속 성분	딸림 조각
주 성분	으뜸 조각
성분 부사	조각 어찌씨
수사	셈씨
서수사	차례 셈씨
양수사	숱셈씨
수식언	꾸밈말
시제	때매김
과거 시제	지난적 때매김
미래 시제	올적 때매김
현재 시제	이적 때매김
안울림소리	안울림소리
안은 문장	안은 문장

양성 모음	밝은 홀소리
양태성	
어간	줄기
어감	
어근	뿌리
어미	씨끝
관형사형 어미	매김씨꼴 씨끝
명사형 어미	이름씨꼴 씨끝
선어말 어미	
어말 어미	
연결 어미	이음 씨끝
전성 어미	몸바꿈 씨끝
종결 어미	끝남 씨끝, 마침 씨끝
어절	말마디
어휘적 중의성	
연결 어미	이음 씨끝
대등적 연결 어미	
보조적 연결 어미	
종속적 연결 어미	
연구개	여린 입천장
연구개음	여린 입천장 소리
예사소리	예사 소리
용언	풀이씨
보조 용언	도움 풀이씨
본 용언	으뜸 풀이씨
울림 소리	울림 소리
원순 모음	둥근 홀소리
유음	흐름소리, 굴림소리
유의어	비슷한 말, 뜻 비슷한 말
유정 명사	뜻 가진 이름씨
은유적 중의성	
음성	말소리
음성 모음	어두운 홀소리
음성적 실현	말소리로 나타남
음운	음운

음절	낱내
의문문	물음월
긍정 의문문	
반어 의문문	
부정 의문문	
수사 의문문	
확인 의문문	
의성 부사	시늉 소리 어찌씨
의성어	시늉 소리말
의존 명사	안옹근 이름씨
의태 부사	시늉 모양 어찌씨
의태어	시늉 모양말
이야기	이야기
이어진 문장	이어진 월
이음 동의어	
이중 모음	겹홀소리
인용절	따옴 마디
인칭 대명사	사람 대이름씨
입술 소리	입술 소리
잉여적 표현	같은 자리말
자동사	제움직씨
자릿수	자릿수
자음	닿소리
자음 동화	닿소리 닮음
자의성	
저모음	낮은 홀소리
전설 모음	앞홀소리
전성 어미	씨바꿈 씨끝
전성형	씨바꿈꼴
절	마디
접두사	앞가지
접미사	뒷가지
접사	가지
조사	토씨
격조사	자리 토씨

보조사	도움 토씨
접속 조사	이음 토씨
종결형	마침꼴
주격	임자 자리
주동	스스로 움직임
주동문	스스로 움직임월
주동사	스스로 움직씨
주변적 의미	
주성분	으뜸 조각
주어	임자말
주어부	임자 조각
주체 높임법	임자 높임법
중모음	가운데 소리
중심적 의미	
중의적(성)	
중의적 표현	
지시 대명사	가리킴 대이름씨
지시 부사	가리킴 어찌씨
지시어	가리킴말
지시 형용사	가리킴 그림씨
직접적 표현	바로 나타냄
짧은소리	짧은 소리
첩어성	겹침스러움
청각 영상	
청유문	꾀임월
체언	임자씨
축약	줄임
타동사	남움직씨
탈락	떨어짐
파생	
파생법	
파생어	
파열음	터짐 소리
파찰음	붙갈이 소리

평서문	베풂월
평순 모음	안둥근 홀소리
폐모음	닫힌 홀소리
품사	씨가름
피동	입음
피동문	입음월
피동사	입음 움직씨
필수적 성분	
하게체	하게체
하오체	하오체
하의	
하의어	
합성법	
합성어	겹말
반복 합성어	되풀이 겹말
합쇼체	합쇼체
해라체	해라체
해요체	해요체
해체	해체
혀끝소리	혀끝소리
형용사	그림씨
보조 형용사	도움 그림씨
성상 형용사	속겉 그림씨
지시 형용사	가리킴 그림씨
형용사구	그림씨 마디
형태소	형태소
실질 형태소	
의존 형태소	
자립 형태소	
형식 형태소	
홑문장	홑월
활용	끝바꿈
활용어	끝바꿈말
후설 모음	뒤홀소리

학술 순화어

― 말본 갈말을 중심으로 ―

학술 순화어 심의위원

김석득 김정수 리의도 박종국 성낙수 차재경

학술 순화어 수집정리 연구원

박은화

학술 순화어 37

순화 대상	순화어
가능 보조어간(可能補助語幹)	할수 도움줄기
가상 시제(假想時制)	거짓 때매김
가식 보조동사(假飾補助動詞)	거짓부리 도움움직씨
가식 조동사(假飾助動詞)	거짓부리 도움움직씨
가치 보조형용사(價値補助形容詞)	값어치 도움그림씨
가표(加標)	더하기표
간음화(間音化)	사잇소리 되기
간접 높임	건너 높임
간접 명령문(間接命令文)	건너 시킴월
간접적 표현(間接的表現)	건너 나타냄, 건너 나타내기
감동사(感動詞)	느낌씨
감동어(感動語)	느낌말
감동 조사(感動助詞)	느낌 토씨
감탄문(感嘆文, 感歎文)	느낌월
감탄사(感嘆詞,感歎詞)	느낌씨
감탄 서술문(感嘆敍述文)	느낌 베풂월, 느낌 풀이월
감탄 조사(感嘆助詞, 感歎助詞)	느낌 토씨
강모음(强母音)	센홀소리
강세법(强勢法))	힘줌법
강세 보조동사(强勢補助動詞)	힘줌 도움움직씨
강세 보조어간(强勢補助語幹)	힘줌 도움줄기
강세 조동사(强勢助動詞)	힘줌 도움움직씨
강세형(强勢形)	힘줄꼴
강약(强弱)	세기
강어(强語)	센말
개모음(開母音)	연홀소리, 열린홀소리
개산 보조사(槪算補助詞)	어림 도움토씨
개음(個音)	낱낱소리
개음절(開音節)	열린낱내
객어(客語)	쓰임말
거라 변격 동사(거라變格動詞)	거라 벗어난 움직씨
거라 변격 용언(거라變格用言)	거라 벗어난 풀이씨
거라 변격 활용(거라變格活用)	거라 벗어난 끝바꿈
거라 변칙 동사(거라變則動詞)	거라 벗어난 움직씨

순화 대상	순화어
거라 변칙 용언(거라變則用言)	거라 벗어난 풀이씨
거라 변칙 활용(거라變則活用)	거라 벗어난 끝바꿈
거라 불규칙 동사(거라不規則動詞)	거라 벗어난 움직씨
거라 불규칙 용언(거라不規則用言)	거라 벗어난 풀이씨
거라 불규칙 활용(거라不規則活用)	거라 벗어난 끝바꿈
격(格)	자리
격어(激語)	거센말
격음(激音)	거센소리
격음화(激音化)	거센소리 되기
격조사(格助詞)	자리토씨
격청음(激淸音)	거센소리
겸비 보조어간(謙卑補助語幹)	낮춤 도움줄기
겸양법(謙讓法)	낮춤법
겹문장(겹文章)	겹월
경구개(硬口蓋)	센입천장
경구개음(硬口蓋音)	센입천장소리
경시 감동사(輕視感動詞)	깔봄 느낌씨
경음(硬音)	된소리
경음화(硬音化)	된소리 되기
고딕체	돋움체
고모음(高母音)	높은 홀소리
고사 보조사(姑捨補助詞)	그만두기 도움토씨
고유 명사(固有名詞)	홀이름씨, 홀로 이름씨
고유어(固有語)	토박이말, 토박이낱말
고저(高低)	높이
공동격 조사(共同格助詞)	함께자리 토씨
공통 보조어간(共通補助語幹)	두루 도움줄기
공통 어미(共通語尾)	두루 씨끝
과거(過去)	지난적
과거 시간(過去時間)	지난적 때
과거 시제(過去時制)	지난적 때매김
과거 완료(過去完了)	지난적 끝남
과거 진행(過去進行)	지난적 나아감
관계사(關係詞)	걸림씨

순화 대상	순화어
관념사(觀念詞)	생각씨
관형 수식어(冠形修飾語)	매김 꾸밈말
관형 연어(冠形連語)	매김 이은말
관형격(冠形格)	매김자리
관형격 조사(冠形格助詞)	매김자리 토씨
관형구(冠形句)	매김마디
관형사(冠形詞)	매김씨
관형사구(冠形詞句)	매김마디, 매김씨 마디
관형사형(冠形詞形)	매김꼴, 매김씨꼴
관형어(冠形語)	매김말
관형절(冠形節)	매김마디
관형형(冠形形)	매김꼴
괄호(括弧)	도림, 묶음표
구(句)	마디
구강(口腔)	입안
구개음(口蓋音)	입천장소리
구개음화(口蓋音化)	입천장소리 되기
구결(口訣)	입겿
구두점(句讀點)	월점
구문론(構文論)	월갈
구속형(拘束形)	매는꼴
구어(口語)	입말
구음(口音)	입소리
구절(句節)	마디
권유문(勸誘文)	꾀임월
규칙 동사(規則動詞)	바른 움직씨
규칙 용언(規則用言)	바른 풀이씨
규칙 형용사(規則形容詞)	바른 그림씨
규칙 활용(規則活用)	바른 끝바꿈
극비칭(極卑稱)	아주낮춤
극존칭(極尊稱)	아주높임
근저어(根底語)	밑말
근칭(近稱)	가까운 가리킴
긍정문(肯定文)	여김월

순화 대상	순화어
기구격 조사(器具格助詞)	연장자리 토씨
기구 부사어(器具副詞語)	연장 어찌말
기본 모음(基本母音)	으뜸 홀소리
기본 수사(基本數詞)	으뜸 셈씨
기본시(基本時)	으뜸때
기본형(基本形)	으뜸꼴
기본 형태(基本形態)	으뜸꼴
기수사(基數詞)	으뜸 셈씨
기어(基語)	밑말
기음(氣音)	①거센소리 ②숨띤소리
긴장음(緊張音)	캥김소리
나열절(羅列節)	벌인 마디
나열형(羅列形)	벌인꼴
너라 변격 동사(너라變格動詞)	너라 벗어난 움직씨
너라 변격 용언(너라變格用言)	너라 벗어난 풀이씨
너라 변격 활용(너라變格活用)	너라 벗어난 끝바꿈
너라 변칙 동사(너라變則動詞)	너라 벗어난 움직씨
너라 변칙 용언(너라變則用言)	너라 벗어난 풀이씨
너라 변칙 활용(너라變則活用)	너라 벗어난 끝바꿈
너라 불규칙 동사(너라不規則動詞)	너라 벗어난 움직씨
너라 불규칙 용언(너라不規則用言)	너라 벗어난 풀이씨
너라 불규칙 활용(너라不規則活用)	너라 벗어난 끝바꿈
농음(濃音)	된소리
농음화(濃音化)	된소리 되기
능동 동사(能動動詞)	제힘 움직씨
능동문(能動文)	제힘 움직월
능동사(能動詞)	제힘 움직씨
ㄷ 변격 동사(ㄷ變格動詞)	ㄷ 벗어난 움직씨
ㄷ 변격 용언(ㄷ變格用言)	ㄷ 벗어난 풀이씨
ㄷ 변격 활용(ㄷ變格活用)	ㄷ 벗어난 끝바꿈
ㄷ 변칙 동사(ㄷ變則動詞)	ㄷ 벗어난 움직씨
ㄷ 변칙 용언(ㄷ變則用言)	ㄷ 벗어난 풀이씨
ㄷ 변칙 활용(ㄷ變則活用)	ㄷ 벗어난 끝바꿈
ㄷ 불규칙 동사(ㄷ不規則動詞)	ㄷ 벗어난 움직씨

순화 대상	순화어
ㄷ 불규칙 용언(ㄷ不規則用言)	ㄷ 벗어난 풀이씨
ㄷ 불규칙 활용(ㄷ不規則活用)	ㄷ 벗어난 끝바꿈
다의(多義)	뭇뜻, 여러뜻
다의어(多義語)	뭇뜻갈, 여러뜻말
단독 보조사(單獨補助詞)	홀로 도움토씨
단모음(單母音)	홑홀소리
단모음(短母音)	짧은 홀소리
단문(單文)	홑월
단사(單詞)	홑씨
단수(單數)	홑셈
단순음(單純音)	홑소리
단어 수식어(單語修飾語)	낱말 꾸밈말
단어 접속조사(單語接續助詞)	낱말 이음토씨
단어(單語)	낱말
단어문자(單語文字)	낱말글자
단음(單音)	낱소리
단음문자(單音文字)	낱소리글자
단의(單義)	홑뜻
단의어(單義語)	홑뜻말
단일어(單一語)	홑낱말, 홑씨
단자(單字)	홑자
단자음(單子音)	홑닿소리
당위 보조동사(當爲補助動詞)	마땅함 도움움직씨
당위 조동사(當爲助動詞)	마땅함 도움움직씨
대등절(對等節)	나란히 마디
대립절(對立節)	맞선 마디
대명사(代名詞)	대이름씨
대문자(大文字)	큰글자
도급 보조사(到及補助詞)	미침 도움토씨
도급형(到及形)	미침꼴
독려 감동사(督勵感動詞)	추어줌 느낌씨
독립 성분(獨立成分)	홀로 조각
독립어(獨立語)	홀로말
동격(同格)	같은자리

순화 대상	순화어
동격어(同格語)	같은자리말
동등절(同等節)	같은 마디
동반격 조사(同伴格助詞)	함께자리 토씨
동사(動詞)	움직씨
동사구(動詞句)	움직씨 마디
동위(同位)	같은자리
동위어(同位語)	같은자리말
동음어(同音語)	한소리말, 소리같은말
동음이의어(同音異義語)	한소리말, 소리같은말
동의어(同義語)	한뜻말, 뜻같은말
동일 보조사(同一補助詞)	한가지 도움토씨
동철어(同綴語)	한꼴말, 글자같은말
동형어(同形語)	한꼴말, 꼴같은말
동화 작용(同化作用)	소리의 닮음
두문자(頭文字)	머리글자
두음(頭音)	머리소리
두음 법칙(頭音法則)	머리소리 법칙
ㄹ 변격 동사(ㄹ變格動詞)	ㄹ 벗어난 움직씨
ㄹ 변격 용언(ㄹ變格用言)	ㄹ 벗어난 풀이씨
ㄹ 변격 형용사(ㄹ變格形容詞)	ㄹ 벗어난 그림씨
ㄹ 변격 활용(ㄹ變格活用)	ㄹ 벗어난 끝바꿈
ㄹ 변칙 동사(ㄹ變則動詞)	ㄹ 벗어난 움직씨
ㄹ 변칙 용언(ㄹ變則用言)	ㄹ 벗어난 풀이씨
ㄹ 변칙 형용사(ㄹ變則形容詞)	ㄹ 벗어난 그림씨
ㄹ 변칙 활용(ㄹ變則活用)	ㄹ 벗어난 끝바꿈
ㄹ 불규칙 동사(ㄹ不規則動詞)	ㄹ 벗어난 움직씨
ㄹ 불규칙 용언(ㄹ不規則用言)	ㄹ 벗어난 풀이씨
ㄹ 불규칙 형용사(ㄹ不規則形容詞)	ㄹ 벗어난 그림씨
ㄹ 불규칙 활용(ㄹ不規則活用)	ㄹ 벗어난 끝바꿈
러 변격 동사(러變格動詞)	러 벗어난 움직씨
러 변격 용언(러變格用言)	러 벗어난 풀이씨
러 변격 형용사(러變格形容詞)	러 벗어난 그림씨
러 변격 활용(러變格活用)	러 벗어난 끝바꿈
러 변칙 동사(러變則動詞)	러 벗어난 움직씨

순화 대상	순화어
러 변칙 용언(러變則用言)	러 벗어난 풀이씨
러 변칙 형용사(러變則形容詞)	러 벗어난 그림씨
러 변칙 활용(러變則活用)	러 벗어난 끝바꿈
러 불규칙 동사(러不規則動詞)	러 벗어난 움직씨
러 불규칙 용언(러不規則用言)	러 벗어난 풀이씨
러 불규칙 형용사(러不規則形容詞)	러 벗어난 그림씨
러 불규칙 활용(러不規則活用)	러 벗어난 끝바꿈
르 변격 동사(르變格動詞)	르 벗어난 움직씨
르 변격 용언(르變格用言)	르 벗어난 풀이씨
르 변격 형용사(르變格形容詞)	르 벗어난 그림씨
르 변격 활용(르變格活用)	르 벗어난 끝바꿈
르 변칙 동사(르變則動詞)	르 벗어난 움직씨
르 변칙 용언(르變則用言)	르 벗어난 풀이씨
르 변칙 형용사(르變則形容詞)	르 벗어난 그림씨
르 변칙 활용(르變則活用)	르 벗어난 끝바꿈
르 불규칙 동사(르不規則動詞)	르 벗어난 움직씨
르 불규칙 용언(르不規則用言)	르 벗어난 풀이씨
르 불규칙 형용사(르不規則形容詞)	르 벗어난 그림씨
르 불규칙 활용(르不規則活用)	르 벗어난 끝바꿈
마찰경음(摩擦硬音)	갈이된소리
마찰음(摩擦音)	갈이소리
말음(末音)	끝소리
말음 규칙(末音規則)	끝소리 규칙
매개 모음(媒介母音)	고룸 홀소리, 고룸소리
명령(命令)	시킴
명령문(命令文)	시킴월
명령법(命令法)	시킴법
명령형(命令形)	시킴꼴
명사(名詞)	이름씨
명사구(名詞句)	이름마디, 이름씨 마디
명사절(名詞節)	이름마디, 이름씨 마디
명사형(名詞形)	이름꼴, 이름씨꼴
명일(明日)	할제
명조체(明朝體)	바탕체

순화 대상	순화어
모어(母語)	어미말
모음(母音)	홀소리
모음도(母音圖)	홀소리그림
모음 사각도(母音四角圖)	홀소리 네모그림
모음 삼각도(母音三角圖)	홀소리 세모그림
모음 조화(母音調和)	홀소리 어울림
모음 축약(母音縮約)	홀소리 줄임
목적격(目的格)	부림자리
목적격 조사(目的格助詞)	부림자리 토씨
목적어(目的語)	부림말
못 부정문(못否定文)	'못' 지움월
무성음(無聲音)	안울림소리
문(文)	①월 ②글
문론(文論)	월갈
문법(文法)	말본
문법학(文法學)	말본갈
문어(文語)	글말
문자(文字)	글자
문자 생활(文字生活)	글살이
문자어(文字語)	글자말, 글말
문자언어(文字言語)	글자말, 글말
문자학(文字學)	글자갈
문장(文章)	①월 ②글
문장론(文章論)	월갈
문장 부사(文章副詞)	월 어찌씨
문장 부사어(文章副詞語)	월 어찌말
문장 성분(文章成分)	월 조각
문장점(文章點)	월점
문 접속조사(文接續助詞)	월 이음토씨
미래(未來)	올적
미래 시간(未來時間)	올적 때
미래 시제(未來時制)	올적 때매김
미래 완료(未來完了)	올적 끝남
미래 진행(未來進行)	올적 나아감

순화 대상	순화어
미래 진행 완료(未來進行完了)	올적 나아가기 끝남
ㅂ 변격 동사(ㅂ變格動詞)	ㅂ 벗어난 움직씨
ㅂ 변격 용언(ㅂ變格用言)	ㅂ 벗어난 풀이씨
ㅂ 변격 형용사(ㅂ變格形容詞)	ㅂ 벗어난 그림씨
ㅂ 변격 활용(ㅂ變格活用)	ㅂ 벗어난 끝바꿈
ㅂ 변칙 동사(ㅂ變則動詞)	ㅂ 벗어난 움직씨
ㅂ 변칙 용언(ㅂ變則用言)	ㅂ 벗어난 풀이씨
ㅂ 변칙 형용사(ㅂ變則形容詞)	ㅂ 벗어난 그림씨
ㅂ 변칙 활용(ㅂ變則活用)	ㅂ 벗어난 끝바꿈
ㅂ 불규칙 동사(ㅂ不規則動詞)	ㅂ 벗어난 움직씨
ㅂ 불규칙 용언(ㅂ不規則用言)	ㅂ 벗어난 풀이씨
ㅂ 불규칙 형용사(ㅂ不規則形容詞)	ㅂ 벗어난 그림씨
ㅂ 불규칙 활용(ㅂ不規則活用)	ㅂ 벗어난 끝바꿈
반개모음(半開母音)	반연 홀소리, 반열린 홀소리
반대어(反對語)	뜻반대말
반모음(半母音)	반홀소리
반복 부호(反復符號)	거듭표
반복 합성어(反覆合成語)	되풀이 겹말
반복형(反覆形)	되풀이꼴
반설경음(半舌輕音)	반혀가벼운소리
반설음(半舌音)	반혓소리
반어(反語)	뒤집음말
반어(半語)	반말
반의어(反意語, 反義語)	뜻반대말
반치음(半齒音)	반잇소리
반폐모음(半閉母音)	반닫은 홀소리, 반닫힌 홀소리
발동부(發動部)	숨쉬는곳
발성 기관(發聲器官)	소리내는틀
발성부(發聲部)	소리내는곳
발음 기관(發音器官)	소리내는틀
발음부(發音部)	소리내는곳, 소리고루는곳
발화시(發話時)	말할 때
방언(方言)	사투리
방임형(放任形)	놓는꼴

순화 대상	순화어
방편격 조사(方便格助詞)	방편자리 토씨
변격 동사(變格動詞)	벗어난 움직씨
변격 용언(變格用言)	벗어난 풀이씨
변격 형용사(變格形容詞)	벗어난 그림씨
변격 활용(變格活用)	벗어난 끝바꿈
변격 활용 동사(變格活用動詞)	벗어난 끝바꿈 움직씨
변격 활용 형용사(變格活用形容詞)	벗어난 끝바꿈 그림씨
변성격 조사(變成格助詞)	바뀜자리 토씨
변성 부사어(變成副詞語)	바뀐 어찌말
변칙 동사(變則動詞)	벗어난 움직씨
변칙 용언(變則用言)	벗어난 풀이씨
변칙 형용사(變則形容詞)	벗어난 그림씨
변칙 활용(變則活用)	벗어난 끝바꿈
병렬문(並列文)	나란히월
병렬 복사(並列複詞)	벌인 겹씨
병렬 복합사(並列複合詞)	벌인 겹씨
병서(並書)	나란히씀, 나란히쓰기
보격(補格)	기움자리
보격 조사(補格助詞)	기움자리 토씨
보어(補語)	기움말
보유 보조동사(保有補助動詞)	지님 도움움직씨
보유 조동사(保有助動詞)	지님 도움움직씨
보조 동사(補助動詞)	도움 움직씨
보조사(補助詞)	도움 토씨
보조 어간(補助語幹)	도움 줄기
보조 어근(補助語根)	도움 뿌리
보조 용언(補助用語)	도움 풀이씨
보조 조사(補助助詞)	도움 토씨
보조 형용사(補助形容詞)	도움 그림씨
보충어(補充語)	기움말
보통 명사(普通名詞)	두루 이름씨
보통 비칭(普通卑稱)	예사낮춤
보통 존칭(普通尊稱)	예사높임
복모음(複母音)	겹홀소리

순화 대상	순화어
복문(複文)	겹월
복사(複詞)	겹씨
복수(複數)	겹셈
복음(複音)	겹소리
복자음(複子音)	겹닿소리
복합문(複合文)	겹월
복합사(複合詞)	겹낱말, 겹씨
복합어(複合語)	겹낱말, 겹씨
본어(本語)	밑말
본용언(本用言)	으뜸 풀이씨
봉사 보조동사(奉仕補助動詞)	섬김 도움움직씨
봉사 조동사(奉仕助動詞)	섬김 도움움직씨
부분절(部分節)	조각 마디
부사 연어(副詞連語)	어찌 이은말
부사(副詞)	어찌씨
부사격(副詞格)	어찌자리
부사격 조사(副詞格助詞)	어찌자리 토씨
부사구(副詞句)	어찌마디, 어찌씨 마디
부사어(副詞語)	어찌말
부사절(副詞節)	어찌마디, 어찌씨 마디
부사형(副詞形)	어찌꼴, 어찌씨 꼴
부서(附書)	붙여씀, 붙여쓰기
부속 성분(附屬成分)	딸림 조각, 딸린 조각
부속절(附屬節)	딸림 마디, 딸린 마디
부정(否定)	지움
부정문(否定文)	지움월
부정 보조동사(否定補助動詞)	지움 도움움직씨
부정 보조형용사(否定補助形容詞)	지움 도움그림씨
부정 부사(否定副詞)	지움 어찌씨
부정수(不定數)	안잡힌셈
부정어(否定語)	지움말
부정 의문문(否定疑問文)	지움 물음월
부정 조동사(否定助動詞)	지움 도움움직씨
부정 지정사(否定指定詞)	안여김 잡음씨, 지움 잡음씨

순화 대상	순화어
부정형(否定形)	지움꼴
부정 형용사(否定形容詞)	지움 그림씨
분간 보조어간(分揀補助語幹)	가름 도움줄기
분간 어미(分揀語尾)	가름 씨끝
분철(分綴)	갈라적기, 갈라적음
불구 동사(不具動詞)	모자란 움직씨
불구형(不拘形)	놓는꼴
불규칙 동사(不規則動詞)	벗어난 움직씨
불규칙 용언(不規則用言)	벗어난 풀이씨
불규칙 형용사(不規則形容詞)	벗어난 그림씨
불규칙 활용(不規則活用)	벗어난 끝바꿈
불만 보조사(不滿補助詞)	덜참 도움토씨
불완전 동사(不完全動詞)	안옹근 움직씨
불완전 명사(不完全名詞)	안옹근 이름씨
불완전 형용사(不完全形容詞)	안옹근 그림씨
비강(鼻腔)	코안
비교격(比較格)	견줌자리
비교격 조사(比較格助詞)	견줌자리 토씨
비교법(比較法)	견줌법
비교 부사어(比較副詞語)	견줌 어찌말
비교형(比較形)	견줌꼴
비교 형용사(比較形容詞)	견줌 그림씨
비속어(卑俗語)	낮은말
비음(鼻音)	콧소리
비칭(卑稱)	낮춤
빈도(頻度)	잦기
ㅅ 변격 동사(ㅅ變格動詞)	ㅅ 벗어난 움직씨
ㅅ 변격 용언(ㅅ變格用言)	ㅅ 벗어난 풀이씨
ㅅ 변격 형용사(ㅅ變格形容詞)	ㅅ 벗어난 그림씨
ㅅ 변격 활용(ㅂ變格活用)	ㅅ 벗어난 끝바꿈
ㅅ 변칙 동사(ㅅ變則動詞)	ㅅ 벗어난 움직씨
ㅅ 변칙 용언(ㅅ變則用言)	ㅅ 벗어난 풀이씨
ㅅ 변칙 형용사(ㅅ變則形容詞)	ㅅ 벗어난 그림씨
ㅅ 변칙 활용(ㅅ變則活用)	ㅅ 벗어난 끝바꿈

순화 대상	순화어
ㅅ 불규칙 동사(ㅅ不規則動詞)	ㅅ 벗어난 움직씨
ㅅ 불규칙 용언(ㅅ不規則用言)	ㅅ 벗어난 풀이씨
ㅅ 불규칙 형용사(ㅅ不規則形容詞)	ㅅ 벗어난 풀이씨
ㅅ 불규칙 활용(ㅅ不規則活用)	ㅅ 벗어난 끝바꿈
사동(使動)	하임
사동 동사(使動動詞)	하임 움직씨
사동문(使動文)	하임월
사동 보조동사(使動補助動詞)	하임 도움움직씨
사동 보조어간(使動補助語幹)	하임 도움줄기
사동사(使動詞)	하임 움직씨
사동 조동사(使動助動詞)	하임 도움움직씨
사성점(四聲點)	소릿점
사어(死語)	죽은말
사역 동사(使役動詞)	하임 움직씨
사용격 조사(使用格助詞)	연장자리 토씨
사전(事典)	일광
사전(辭典)	말광
상대 높임	들을이 높임
상대 높임법	들을이 높임법
상이 보조사(相異補助詞)	다름 도움토씨
상징어(象徵語)	시늉말, 흉내말
상태 보조형용사(狀態補助形容詞)	모양 도움그림씨
상태 부사(狀態副詞)	모양 어찌씨
상태 부사어(狀態副詞語)	모양 어찌말
상형문자(象形文字)	시늉글자
상호동화(相互同化)	서로닮음
색인(索引)	찾아내기, 찾아보기
생략(省略)	줄임
서수사(序數詞)	차례 셈씨
서술(敍述)	베풂, 풀이
서술격(敍述格)	풀이자리
서술격 조사(敍述格助詞)	풀이자리 토씨
서술문(敍述文)	베풂월, 풀이월
서술부(敍述部)	풀이조각

순화 대상	순화어
서술어(敍述語)	풀이말, 베풂말
서술절(敍述節)	풀이마디
서술형(敍述形)	베풂꼴, 풀이꼴
서체(書體)	글자체
선어말 어미(先語末語尾)	①도움줄기 ②안맺음씨끝
선택 보조사(選擇補助詞)	가림 도움토씨
선택형(選擇形)	가림꼴
설경음(舌輕音)	혀가벼운소리
설근음(舌根音)	혀뿌리소리
설단음(舌端音)	혀끝소리
설면음(舌面音)	혓바닥소리
설명부(說明部)	풀이조각
설명사(說明詞)	풀이씨
설명어(說明語)	풀이말
설명형(說明形)	풀이꼴
설음(舌音)	혀소리
설측음(舌側音)	혀옆소리
성대음(聲帶音)	목청소리
성문음(聲門音)	목구멍소리
성분(成分)	월 조각, 조각
성분 복문(成分復文)	조각 겹월
성분 부사(成分副詞)	조각 어찌씨
성분 부사어(成分副詞語)	조각 어찌말
성분절(成分節)	조각 마디
성상 관형사(性狀冠形詞)	그림 매김씨
성상 관형어(性狀冠形語)	그림 매김말
성상 부사(性狀副詞)	그림 어찌씨
성상 형용사(性狀形容詞)	속겉 그림씨
세고딕체	가는 돋움체
소유격(所有格)	가짐자리
소유격 조사(所有格助詞)	가짐자리 토씨
속어(俗語)	속된말
속음(俗音)	익은소리
수(數)	셈

순화 대상	순화어
수 관형사(數冠形詞)	셈 매김씨
수 관형어(數冠形語)	셈 매김말
수량 관형사(數量冠形詞)	셈숱 매김씨
수량 대명사(數量代名詞)	셈숱 대이름씨
수량 부사어(數量副詞語)	셈숱 어찌말
수량 형용사(數量形容詞)	셈숱 그림씨
수명사(數名詞)	셈 이름씨
수사(數詞)	셈씨
수식사(修飾詞)	꾸밈씨
수식 설명어(修飾說明語)	꾸밈 풀이말
수식어(修飾語)	꾸밈말
수식언(修飾言)	꾸밈말
순경음(脣輕音)	가벼운 입술소리
순서 수명사(順序數名詞)	차례 셈이름씨
순음(脣音)	입술소리
순행 동화(順行同化)	내리닮음
술부(述部)	풀이조각
술어(述語)	풀이말
술어(術語)	갈말
술어부(述語部)	풀이조각
술어 성분(述語成分)	풀이말 조각
술어절(述語節)	풀이마디
습관 모음(習慣母音)	버릇 홀소리
습관 보조어간(習慣補助語幹)	버릇 도움줄기
습관음(習慣音)	버릇소리
습관 자음(習慣子音)	버릇 닿소리
시간 보조어간(時間補助語幹)	때 도움줄기
시간 부사(時間副詞)	때 어찌씨
시간 형용사(時間形容詞)	때 그림씨
시인 보조동사(是認補助動詞)	그리여김 도움움직씨
시인 보조형용사(是認補助形容詞)	그리여김 도움그림씨
시제(時制)	때매김
시제 보조어간(時制補助語幹)	때 도움줄기
시처 부사어(時處副詞語)	때곳 어찌말

순화 대상	순화어
시행 보조동사(試行補助動詞)	해보기 도움움직씨
시행 조동사(試行助動詞)	해보기 도움움직씨
실사(實辭)	뜻조각
실제 시제(實際時制)	참 때매김
실질 관형사(實質冠形詞)	바탕 매김씨
실질 명사(實質名詞)	바탕 이름씨
실질 용언(實質用言)	바탕 풀이씨
실질 체언(實質體言)	바탕 임자씨
실질 형용사(實質形容詞)	바탕 그림씨
아음(牙音)	어금니소리
안 부정문(否定文)	'안' 지움월
약어(略語)	준말
양성 모음(陽性母音)	밝은 홀소리
양수사(量數詞)	으뜸셈씨, 숱셈씨
양순음(兩脣音)	두입술소리
어간(語幹)	줄기
어근(語根)	뿌리
어말 어미(語末語尾)	맺음씨끝
어미(語尾)	씨끝
어미 변화(語尾變化)	끝바꿈
어법(語法)	말본
어법론(語法論)	말본갈
어법학(語法學)	말본갈
어원(語原, 語源)	말밑
어절(語節)	말마디
어족(語族)	말겨레
어지(語枝)	씨가지
어휘(語彙)	말수
언어 생활(言語生活)	말살이
여격(與格)	닿음자리
여격 조사(與格助詞)	닿음자리 토씨
여동격 조사(與同格助詞)	함께자리 토씨
여동 부사어(與同副詞語)	함께 어찌말
여 변격 동사(여變格動詞)	여 벗어난 움직씨

순호·대상	순화어
여 변격 용언(여變格用言)	여 벗어난 풀이씨
여 변격 형용사(여變格形容詞)	여 벗어난 그림씨
여 변격 활용(여變格活用)	여 벗어난 끝바꿈
여 변칙 동사(여變則動詞)	여 벗어난 움직씨
여 변칙 용언(여變則用言)	여 벗어난 풀이씨
여 변칙 형용사(여變則形容詞)	여 벗어난 그림씨
여 변칙 활용(여變則活用)	여 벗어난 끝바꿈
여 불규칙 동사(여不規則動詞)	여 벗어난 움직씨
여 불규칙 용언(여不規則用言)	여 벗어난 풀이씨
여 불규칙 형용사(여不規則形容詞)	여 벗어난 그림씨
여 불규칙 활용(여不規則活用)	여 벗어난 끝바꿈
역동 보조사(亦同補助詞)	마찬가지 도움토씨
역행 동화(逆行同化)	치닮음
연결 어미(連結語尾)	이음씨끝
연구개(軟口蓋)	여린입천장
연구개음(軟口蓋音)	여린입천장소리
연구문(聯構文)	벌인월
연발형(連發形)	잇달음꼴
연서(連書)	이어씀, 이어쓰기
연어(連語)	이은말
연음(連音)	①이은소리 ②소리이음
연철(連綴)	이어적기, 이어적음
연합문(連合文)	이은월
열거격 조사(列擧格助詞)	벌임자리 토씨
예(例)	보기
ㅗ 복모음(ㅗ複母音)	ㅗ겹홀소리
완료(完了)	끝남
완료시(完了時)	끝남때
완전 동사(完全動詞)	옹근 움직씨
완전 명사(完全名詞)	옹근 이름씨
외국어(外國語)	외국말
외래어(外來語)	들온말, 들온낱말
외형(外形)	겉꼴
요사(腰辭)	속가지

순화 대상	순화어
용어(用語)	갈말
용언(用言)	풀이씨
용언 연어(用言連語)	풀이 이은말
용언절(用言節)	풀이마디
ㅜ 복모음(ㅜ複母音)	ㅜ 겹홀소리
우 변격 동사(우變格動詞)	우 벗어난 움직씨
우 변격 용언(우變格用言)	우 벗어난 풀이씨
우 변격 활용(우變格活用)	우 벗어난 끝바꿈
우 변칙 동사(우變則動詞)	우 벗어난 움직씨
우 변칙 용언(우變則用言)	우 벗어난 풀이씨
우 변칙 활용(우變則活用)	우 벗어난 끝바꿈
우 불규칙 동사(우不規則動詞)	우 벗어난 움직씨
우 불규칙 용언(우不規則用言)	우 벗어난 풀이씨
우 불규칙 활용(우不規則活用)	우 벗어난 끝바꿈
원구 모음(圓口母音)	둥근 홀소리
원도(原圖)	씨그림, 본그림
원문(原文)	본글
원수사(原數詞)	으뜸 셈씨
원순 모음(圓脣母音)	둥근 홀소리
원순음(圓脣音)	둥근 입술소리
원시(原時)	으뜸때
원음(原音)	본소리
원칭(遠稱)	먼 가리킴
원형(原形)	으뜸꼴, 밑꼴
위치격 조사(位置格助詞)	①곳자리 토씨 ②때자리 토씨
유기음(有氣音)	숨띤소리
유기음화(有氣音化)	숨띤소리 되기
유사 접사(類似接辭)	비슷한 가지
유성음(有聲音)	울림소리
유속문(有屬文)	가진 겹월, 가진월
유속 복사(有屬複詞)	가진 겹씨
유속 복합사(有屬複合詞)	가진 겹씨
유음(流音)	흐름소리
유의어(類義語)	뜻비슷한말, 비슷한말

순화 대상	순화어
유의지 미래(有意志未來)	뜻있는 올적
유정 명사(有情名詞)	뜻가진 이름씨
유형 명사(有形名詞)	꼴있는 이름씨
융합 복사(融合複詞)	녹은 겹씨
융합 복합사(融合複合詞)	녹은 겹씨
一 복모음(一複母音)	一 겹홀소리
으 변격 동사(으變格動詞)	으 벗어난 움직씨
으 변격 용언(으變格用語)	으 벗어난 풀이씨
으 변격 형용사(으變格形容詞)	으 벗어난 그림씨
으 변격 활용(으變格活用)	으 벗어난 끝바꿈
으 변칙 동사(으變則動詞)	으 벗어난 움직씨
으 변칙 용언(으變則用言)	으 벗어난 풀이씨
으 변칙 형용사(으變則形容詞)	으 벗어난 그림씨
으 변칙 활용(으變則活用)	으 벗어난 끝바꿈
으 불규칙 동사(으不規則動詞)	으 벗어난 움직씨
으 불규칙 용언(으不規則用言)	으 벗어난 풀이씨
으 불규칙 형용사(으不規則形容詞)	으 벗어난 그림씨
으 불규칙 활용(으不規則活用)	으 벗어난 끝바꿈
음가(音價)	소리값
음성(音聲)	말소리, 소리
음성기관(音聲器官)	소리내는틀
음성문자(音聲文字)	소리글자
음성 모음(陰性母音)	어두운 홀소리
음성 보조어간(陰性補助語幹)	어두운 도움줄기
음성어(音聲語)	소리말
음성 어미(陰性語尾)	어두운 씨끝
음성 어지(陰性語枝)	어두운 가지
음성 언어(音聲言語)	소리말
음성적 실현(音聲的實現)	말소리로 나타남
음성학(音聲學)	소리갈
음소문자(音素文字)	낱소리글자
음운 동화(音韻同化)	소리의 닮음
음운문자(音韻文字)	낱소리글자
음절(音節)	낱내

순화 대상	순화어
음절문자(音節文字)	낱내글자
음조(音調)	소릿가락
음표문자(音標文字)	소리글자
의도형(意圖形)	뜻함꼴
의문(疑問)	물음
의문문(疑問文)	물음월
의문부(疑問符)	물음표
의문형(疑問形)	물음꼴
의미부(意味部)	뜻조각
의성(擬聲)	소리시늉
의성 부사(擬聲副詞)	소리시늉 어찌씨
의성어(擬聲語)	소리시늉말
의의문자(意義文字)	뜻글자
의존 명사(依存名詞)	안옹근 이름씨
의태(擬態)	짓시늉
의태 부사(擬態副詞)	시늉 어찌씨
의태어(擬態語)	짓시늉말, 꼴시늉말
ㅣ 복모음(ㅣ複母音)	ㅣ 겹홀소리
이어(俚語)	시골말
이중 모음(二重母音)	두겹 홀소리, 겹홀소리
이중 자음(二重子音)	두겹 닿소리, 겹닿소리
이중 타동사(二重他動詞)	두겹 남움직씨
익심형(益甚形)	더해감꼴
인대명사(人代名詞)	사람 대이름씨
인도게르만 어족(語族)	인도게르만 말겨레
인두(咽頭)	목머리
인용격 조사(引用格助詞)	따옴자리 토씨
인용부(引用符)	따옴표
인용 부사어(引用副詞語)	따옴 어찌말
인용어(引用語)	따옴말
인용절(引用節)	따옴마디
인정 감동사(認定感動詞)	여김 느낌씨
인정 지정사(認定指定詞)	여김 잡음씨
인칭 대명사(人稱代名詞)	사람 대이름씨

순호·대상	순화어
일람표(一覽表)	보기틀
일양 보조사(一樣補助詞)	한결 도움토씨
자격격 조사(資格格助詞)	자격자리 토씨
자격법(資格法)	감목법, 껌목법
자동 동사(自動動詞)	제움직씨
자동사(自動詞)	제움직씨
자료(資料)	거리
자립 명사(自立名詞)	옹근 이름씨
자립어(自立語)	생각씨
자모(字母)	낱자
자모문자(字母文字)	낱소리글자
자음(子音)	닿소리
자음 가세 법칙(子音加勢法則)	닿소리 힘줌의 법칙
자음 동화(子音同化)	닿소리 닮음
자음 동화 작용(子音同化作用)	닿소리 이어바뀜
자음 보조어간(子音補助語幹)	닿소리 도움줄기
자음 어미(子音語尾)	닿소리 씨끝
자음 접변(子音接變)	닿소리 이어바뀜
자음 축약(子音縮約)	닿소리 줄임
자칭(自稱)	첫째 가리킴
장단(長短)	길이
저모음(低母音)	낮은 홀소리
전도 위치(顚倒位置)	거꾸른 자리
전면(全面)	온낯
전모음(前母音)	앞홀소리
전설 경음(顚舌硬音)	굴림 된소리
전설 모음(前舌母音)	앞홀소리
전설음(顚舌音)	굴림소리
전성 어미(轉成語尾)	바꿈씨끝
전성형(轉成形)	씨바꿈꼴
전위(轉位)	자리바꿈
전음(轉音)	굴림소리
전지(前枝)	앞가지
절(節)	마디

순화 대상	순화어
접두사(接頭辭)	앞가지
접두어(接頭語)	앞가지
접미사(接尾辭)	뒷가지
접미어(接尾語)	뒷가지
접변(接變)	이어바뀜
접사(接辭)	가지
접속법(接續法)	이음법
접속 복문(接續復文)	이은 겹월, 이은월
접속 부사(接續副詞)	이음 어찌씨
접속 어미(接續語尾)	이음 씨끝
접속 조사(接續助詞)	이음 토씨
접속사(接續詞)	이음씨
접속어(接續語)	이음말
접속형(接續形)	이음꼴
접요사(接腰辭)	속가지, 허릿가지
정격 동사(正格動詞)	바른 움직씨
정격 용언(正格用言)	바른 풀이씨
정격 형용사(正格形容詞)	바른 그림씨
정격 활용(規則活用)	바른 끝바꿈
정도 부사(程度副詞)	정도 어찌씨
정도 부사어(程度副詞語)	정도 어찌말
정음(正音)	바른 소리
정칙 동사(正則動詞)	바른 움직씨
정칙 용언(正則用言)	바른 풀이씨
정칙 형용사(正則形容詞)	바른 그림씨
정칙 활용(正則活用))	바른 끝바꿈
제사 부사형(第四副詞形)	넷째 어찌꼴
제삼 부사어(第三副詞語)	셋째 어찌꼴
제삼 부사형(第三副詞形)	셋째 어찌꼴
제삼 사동법(第三使動法)	셋째 하임법
제삼인칭(第三人稱)	셋째 가리킴
제삼인칭 문(第三人稱文)	셋째가리킴 월
제삼칭격(第三稱格)	셋째 가리킴
제삼 피동법(第三被動法)	셋째 입음법

순화 대상	순화어
제시어(提示語)	보임말, 내세움말
제이 명사형(第二名詞形)	둘째 이름꼴
제이 부사형(第二副詞形)	둘째 어찌꼴
제이 사동법(第二使動法)	둘째 하임법
제이인격(第二人格)	둘째 가리킴
제이인칭(第二人稱)	둘째 가리킴
제이인칭 문(第二人稱文)	둘째가리킴 월
제이칭격(第二稱格)	둘째 가리킴
제이 피동법(第二被動法)	둘째 입음법
제일 명사형(第一名詞形)	첫째 이름꼴
제일 부사형(第一副詞形)	첫째 어찌꼴
제일 사동법(第一使動法)	첫째 하임법
제일인칭(第一人稱)	첫째 가리킴
제일인칭 문(第一人稱文)	첫째가리킴 월
제일칭격(第一稱格)	첫째 가리킴
제일 피동법(第一被動法)	첫째 입음법
조동사(助動詞)	도움움직씨
조모음(調母音)	고룸 홀소리
조사(助詞)	토씨
조성 모음(調聲母音)	고룸 홀소리
조어법(造語法)	낱말 만들기
조음부(調音部)	소리고루는곳
조음소(調音素)	고룸소리
존경 보조어간(尊敬補助語幹)	높임 도움줄기
존대 보조어간(尊待補助語幹)	높임 도움줄기
존재 형용사(存在形容詞)	있음 그림씨
존칭(尊稱)	높임
종결 보조동사(終結補助動詞)	마침 도움움직씨
종결 보조사(終結補助詞)	마침 도움토씨
종결 어미(終結語尾)	마침씨끝, 끝남씨끝
종결절(終結節)	마침마디
종결 조동사(終結助動詞)	마침 도움움직씨
종결형(終結形)	마침꼴
종서(縱書)	세로쓰기, 내리쓰기

순화 대상	순화어
종성(終聲)	끝소리
종성 규칙(終聲規則)	끝소리 규칙
종속 성분(從屬成分)	딸린 조각
종속절(從屬節)	딸린 마디
종지법(終止法)	마침법
종지부(終止符)	마침표
종지사(終止詞)	마침씨
주격(主格)	임자자리
주격 조사(主格助詞)	임자자리 토씨
주동사(主動詞)	으뜸 움직씨
주부(主部)	임자조각
주사(主辭)	임자말
주성분(主成分)	으뜸 조각
주어(主語)	임자말
주어부(主語部)	임자조각
주어절(主語節)	임자마디
주요사(主要詞)	으뜸씨
주요 성분(主要成分)	으뜸 조각
주절(主節)	으뜸 마디
주체 높임	임자 높임
주체 높임법	임자 높임법
주체사(主體詞)	임자씨
주형용사(主形容詞)	으뜸 그림씨
중단형(中斷形)	그침꼴
중모음(中母音)	가운데 홀소리
중모음(重母音)	겹홀소리
중문(重文)	벌임월, 벌인월
중성(中聲)	가운뎃소리
중성모음(中聲母音)	중성 홀소리
중음(中音)	속소리
중자음(重子音)	두겹닿소리
중지형(中止形)	그침꼴
중칭(中稱)	반말
지시 관형사(指示冠形詞)	가리킴 매김씨

순화 대상	순화어
지시 관형어(指示冠形語)	가리킴 매김씨
지시 대명사(指示代名詞)	가리킴 대이름씨
지시 부사(指示副詞)	가리킴 어찌씨
지시어(指示語)	가리킴말
지시 형용사(指示形容詞)	가리킴 그림씨
지정사(指定詞)	잡음씨
직접 높임	바로 높임
직접 명령문(直接命令文)	바로 시킴월
직접 시제(直接時制)	바로 때매김
직접적 표현(直接的表現)	바로 나타냄
진술사(陳述詞)	풀이씨
진행 보조동사(進行補助動詞)	나아감 도움움직씨
진행성 명사형(進行性名詞形)	나아감 이름(씨)꼴
진행시(進行時)	나아감때
진행 완료시(進行完了時)	나아가기 끝남때
진행 조동사(進行助動詞)	나아감 도움움직씨
집합 명사(集合名詞)	모임 이름씨
처소격 조사(處所格助詞)	곳자리 토씨
처소 부사(處所副詞)	곳 어찌씨
철자법(綴字法)	맞춤법
첨가 보조사(添加補助詞)	보탬 도움토씨
첨가형(添加形)	보탬꼴
첩사(疊詞)	짝벌인씨, 짝씨
첩어(疊語)	짝벌인말
청유문(請誘文)	꾀임월, 함께월
청유형(請誘形)	꾀임꼴, 함께꼴
청음(淸音)	맑은소리
청자(聽者)	듣는이, 들을이
체언(體言)	임자씨
체언 연어(體言連語)	임자 이은말
체언절(體言節)	임자마디
체언 조사(體言助詞)	임자 토씨
초성(初聲)	첫소리
최비칭(最卑稱)	아주낮춤

순화 대상	순화어
최존칭(最尊稱)	아주높임
추량 보조어간(推量補助語幹)	헴 도움줄기
추측 보조형용사(推測補形容詞)	헴 도움그림씨
축약(縮約)	줄임, 들어듦
치경음(齒莖音)	잇몸소리
치음(齒音)	잇소리
치조음(齒槽音)	잇몸소리
타동사(他動詞)	남움직씨
타칭(他稱)	셋째가리킴
탈격 조사(奪格助詞)	떠남자리 토씨
탈락(脫落)	떨어짐
태고딕체	굵은 돋움체
태명조체	굵은 바탕체
통비음(通鼻音)	콧소리
통사론(統辭論)	월갈
통어론(統語論)	월갈
통칭(通稱)	두루가리킴
파열 경음(破裂硬音)	터진 된소리
파생어(派生語)	파생말
파열음(破裂音)	터짐소리
파찰음(破擦音)	붙갈이소리
평서문(平敍文)	베풂월
평순 모음(平脣母音)	안둥근 홀소리
평음(平音)	예사소리
평청음(平淸音)	예사 맑은소리
평탁음(平濁音)	예사 흐린소리
폐모음(閉母音)	닫은 홀소리, 닫힌 홀소리
폐음절(閉音節)	닫힌낱내
포유문(包有文)	가진 겹월, 가진월
표수 명사(表數名詞)	셈씨
표어문자(表語文字)	낱말글자
표음문자(表音文字)	소리글자
표의문자(表意文字)	뜻글자
품사(品詞)	씨

순화 대상	순화어
품사론(品詞論)	씨갈
품사 분류(品詞分類)	씨가름
피동(被動)	입음
피동 동사(被動動詞)	입음 움직씨
피동문(被動文)	입음월
피동법(被動法)	입음법
피동 보조동사(被動補助動詞)	입음 도움움직씨
피동 보조어간(被動補助語幹)	입음 도움줄기
피동사(被動詞)	입음 움직씨
피동 조동사(被動助動詞)	입음 도움움직씨
ㅎ 변격 용언(ㅎ變格用言)	ㅎ 벗어난 풀이씨
ㅎ 변격 형용사(ㅎ變格形容詞)	ㅎ 벗어난 그림씨
ㅎ 변격 활용(ㅎ變格活用)	ㅎ 벗어난 끝바꿈
ㅎ 변칙 용언(ㅎ變則用言)	ㅎ 벗어난 풀이씨
ㅎ 변칙 형용사(ㅎ變則形容詞)	ㅎ 벗어난 그림씨
ㅎ 변칙 활용(ㅎ變則活用)	ㅎ 벗어난 끝바꿈
ㅎ 불규칙 용언(ㅎ不規則用言)	ㅎ 벗어난 풀이씨
ㅎ 불규칙 형용사(ㅎ不規則形容詞)	ㅎ 벗어난 그림씨
ㅎ 불규칙 활용(ㅎ不規則活用)	ㅎ 벗어난 끝바꿈
학(學)	갈
한계선 보조사(限界線補助詞)	금줄 도움토씨
합성어(合成語)	합친말
현재(現在)	이적
현재 관형법(現在冠形法)	이적 매김법
현재 시제(現在時制)	이적 때매김
현재 완료(現在完了)	이적 끝남
현재 진행(現在進行)	이적 나아감
현재진행 보조동사(現在進行補助動詞)	이적나아감 도움움직씨
현재진행 완료(現在進行完了)	이적나아가기 끝남
형용 관형사(形容冠形詞)	그림 매김씨
형용사(形容詞)	그림씨
형용사구(形容詞句)	그림씨 마디
호격(呼格)	부름자리
호격 조사(呼格助詞)	부름자리 토씨

순화 대상	순화어
호상 동화(互相同化)	서로닮음
호어(呼語)	부름말
호칭 감동사(呼稱感動詞)	부름 느낌씨
호칭어(互稱語)	부름말
호흡부(呼吸部)	숨쉬는곳
혼동 보조사(混同補助詞)	섞음 도움토씨
혼문(混文)	섞임월
화자(話者)	말하는이, 말할이
확인 보조어간(確認補助語幹)	다짐 도움줄기
활용(活用)	끝바꿈
활용어(活用語)	끝바꿈말
활용 어미(活用語尾)	끝바꿈 씨끝
회상(回想)	도로생각
회상 시제(回想時制)	도로생각 때매김
회화문자(繪畫文字)	그림글자
후모음(後母音)	뒤 홀소리
후설 모음(後舌母音)	뒤 홀소리
후음(喉音)	목구멍소리, 목소리
후지(後枝)	뒷가지
희망 보조형용사(希望補助形容詞)	바람 도움그림씨

참고 글

우리말본 머리말(1955년판 머리말)⋯⋯⋯⋯최 현배
나라사랑의 길 머리말(1958년판 머리말)⋯⋯⋯⋯최 현배
한글 전용을 생활화 하자(1957년 글)⋯⋯⋯⋯김 윤경
국어 순화는 왜 해야 하며 어떻게 해야 하나?
(1978년 글)⋯⋯⋯⋯허 웅
말본의 체계와 용어에 대하여(1981년 글)⋯⋯⋯⋯박 종국

우리말본

최 현배*

○ 1955년판 머리말(1935년 5월 18일)

  한 겨레의 문화(文化) 창조(創造)의 활동은, 그 말로써 들어가며, 그 말로써 하여 가며, 그 말로써 남기나니 : 이제 조선말은, 줄잡아도 반만 년 동안 역사의 흐름에서, 조선 사람의 창조적(創造的) 활동의 말미암던 길이요, 연장이요, 또 그 성과(成果)의 축적(蓄積)의 끼침이다.
  그럼으로 조선말의 말본을 닦아서, 그 이치를 밝히며, 그 법칙을 들어내며, 그 온전한 체계(體系)를 세우는 것은 앞사람의 끼친 업적(業績)을 받아 이음이 될 뿐 아니라, 나아가아, 계계승승(繼繼承承)할 뒷사람의 영원한 창조 활동의 바른 길을 닦음이 되며, 찬란한 문화 건설의 터전을 마련함이 되는 것이다.

  내가 무딘 자질(資質)과 옅은 학식을 불고하고, 선각(先覺) 최 광옥(崔光玉), 유 길준(俞吉濬), 주 시경(周時經) 여러 어른의 뒤를 이어, 외람히, 조선 말본의 연구 및 정리에 종사하여, 이미, 이 책의 첫재 매를 박아낸 지가 벌써 여섯 해 반이나 되었다. 그 동안에, 일변으로는, 앞으로 지어 가며, 일변으로는, 된 것을 해마다 다시 고치고 깁고 하여, 이제 그 다된 한 보통이의 원고를 옆에 놓고서, 이것이 나의 반생 동안의 "부단노력"(不斷努力)

---

* 「최현배 선생 저서 머리말」, 세종대왕기념사업회, 2014. 11. 27

의 결정인가 하고, 바라보매, 그지없는 느낌을 막을 수 없도다.

　이 책은 앞사람의 말본들과는 다름이 매우 크다. 첫째, 그 설명하는 방법에 있어서, 앞사람의 풀이법[說明法]은 분석적이었음에 대하여, 이 책의 풀이법은 종합적이다. 그리하여, 그 전체의 체계(體系)에서도, 퍽 많은 다름이 생기었다. 씨가름[品詞分類]에서 월가름[文分類]에 이르기까지, 거의 하나도 옛 설명을 그대로 습용(襲用)한 것이 없다고 할 만큼, 새로운 체계를 이루었음은, 이를 보시는 분이 짐작하실 줄로 안다. 그리하여, 그 완전 여부는 별 문제로 하고, 이 체계로 말미암아, 비로소, 조선말의 말광[辭典]을 조직적으로 꾸밀 수가 있게 되었으며 ; 이 체계를 배움으로 말미암아, 비로소, 외국 사람이라도 능히 조선말의 조직과 운용의 이치를 깨치어서, 조선말과 조선글을 법에 맞도록 쓰게 되었다고, 감히 말할 수 있다고, 스스로 믿는다.

　내가, 이 책을 짓기에, 장구한 세월에, 일관(一貫)한 성의와 집중(集中)의 심력(心力)을 다하였다. 오늘의 성과(成果)에서 보면, 다 만인이 두루 아는 언어 사실에 대한 평범한 이론(理論)과 심상(尋常)한 설명에 지나지 아니한 것이로되, 허다한 도로(徒勞)를 거쳐서 이 안(案)에 이르기까지의 나의 노고(勞苦)는 실로 적지 아니하였다. 그러하나, 나의 재질이 본대 무디고 여린지라, 이렇게 이뤄진 체계가 또한 많은 틀림을 감추어 있을 것이다. 이것을 더 갈고, 더 닦아서, 지은이로서의 나의 온전한 만족을 가지고서 책을 내려면, 아직도,, 긴 긴 시일을 요할 것이다. 그리한데, 조선어 학회(朝鮮語學會)의 "한글 맞춤법 통일안"이 세상에 발표 된 지가 이미 두 해나 되어서, 이만한 이론(理論)을 갖훈 말본책의 나오기를 기다리는 세상의 요구도 많을뿐더러, 어지러운 세태(世態)와 흐르는 세월은 나 홀로의 이 이상의 천천한 조탁(彫琢)을 허락하지 아니한다. 그리하여, 우선, 이것으로써 나의 연구의 한 단락(段落)을 지어서, 이를 박아내기로 한 것이니, 그 바로 잡기와 깊히기와 넓히기는 현재 및 장래의 대가(大家)의 힘을 기다리는 바이다.

　나의 "우리 말본"이 이만큼 되어 나오게 된 것은 나에게 전심(專心) 연구의 기회를 준 연희 전문 학교(延禧專門學校)의 두터운 호의와, 조선어 학회 동지의 참된 연구와, 나의 미충(微衷)을 알아 주시는 각 방면 친지 여러 분의 정다운 교시(敎示)와, 10년, 6년 동안에 갈아드는 연전(延專)과 이전(梨專)의 수백 명 학생의 진실한 토구(討究)와, 이에 소용된 많은 참고서의 저자의 투철(透徹)한 이론의 도움의 소치(所致)라, 이에 특히 적어, 감사의 뜻을 드리는 바이다.

1935년 5월 18일

　인왕 산 아래 흐너진 옛 성[古城] 가에, 오백 살 먹은, 늙은 큰 은행나무가 또 다시 첫여름의 성장(盛裝)을 이룬 위용(偉容) 거자(巨姿)를 바라보면서 행촌 재(杏村齋) 동창(東窓) 앞에서,

　　　　　　　　　　　　　　　감메 한 방우 적음.

나라사랑의 길

최 현배*

○ 1958년판 머리말(1958년 5월 15일)

　내가 열 대여섯 살 났을 적, 고향에 처음으로 차린 새 교육의 배움의 집 "사립 일신 학교"에 다닐 적에, 당시 구 한국 말의 "대한 매일 신보"에서, 나라 정사의 날로 글러져 감을 개탄하며, 오적, 칠적을 타도하는 기사와 사설들을 읽고서, 목놓아 울기를 밤깊이 하였으며 ; "만수 성절(萬壽聖節)"의 경축에는, 제등 행렬에 참가하여, 노래하며 춤추기를 맘껏하였던 것이다. 서울로 올라와서 중학에 다니는 동안에는, 나라를 잃어버리고, 한없는 울분을 안고서, 사사로 주 시경 스승을 좇아 국어를 공부하며, 신 채호 선생의 "충무공 전"을 열심으로 읽었으며 ; 일본의 히로시마 고등 사범 학교에 다닐 적에는, 학우들에게 민족 의식, 조국 정신을 품고서 공부하는 것이 옳음을 설득하였으며 ; 동래의 사립 고등 보통 학교에서 교편을 잡기 두 해 동안에는, 학생들에게 겨레 문화에 대한 심정을 기르기에 힘썼으나, 글러가는 세태에 불만의 정이 부풀어, 사회의 개량, 겨레의 구원을 뜻하고, 다시 공부의 길로 들어가서, 찬 3년 동안 일본의 대학을 마쳤으나, 큰 소득이 없는지라, 다시 대학원에 머물러, 일 년을 지내는 동안에, 전공 교육학을 더 연구하는 한 편, "조선 민족 갱생의 도"(朝鮮民族更生의 道)를 지어, 고국으로 돌아와서, 이를 "동아 일보" 지상에 륙십여 회 연속 게재하여, 만천하의 동감을 얻

---

* 「최현배 선생 저서 머리말」, 세종대왕기념사업회, 2014. 11. 27

었으며, 젊은 세대에게 큰 감명을 주었다.

  연희 전문 학교 봉직 13년 동안에, 배달말의 연구와 교수에 심력을 기울였으며, 출렁대는 일어의 강열한 도치[波濤]에 홀로 버티고서, 우리말 찾기와 쓰기에 정성과 용기를 다하였다. 한글 학회의 동지로 더불어 한글 운동에 몸바치어, 회의로, 강연으로, 우리말 존중, 겨레 의식의 고취에, 편할 날이 없었다. 그러다가, 일제의 끝에 이른바 "조선어 학회 사건"으로 일제의 경찰에 잡히어, 세 해 동안 옥살이를 하였다. 동지들이 하나 둘 옥중의 이슬로 사라지는데, 세태는 얼른 바로 돌아서지 아니한다. 나의 조국혼에의 동경은 갈수록 간절하였다. 그러서, 나는 읊었다 : ─

    임이여 어디 갔노, 어디대로 갔단 말고?
    풀나무 봄이 되견, 해마다 푸르건만,
    어찌하다, 우리의 임은 돌아올 줄 모르나?

    임이여, 못 살겠소, 임 그리워 못 살겠소,
    임 떠난 그날부터 겪는 이 설움이라.
    임이여, 어서 오소서, 기다리다 애타오.

    봄맞이 반긴 뜻은 임 올가 함이러니,
    임은랑 오지 않고, 봄이 그만 저물어서,
    꽃지고 나비 날아가니, 더욱 설어 하노라.

    강물이 아름아름, 끝간 데를 모르겠고,
    버들가지 출렁출렁, 물속까지 드리웠다.
    이내 한(恨) 길고 또 길어, 그칠 줄이 없어라.

8·15 해방이 사흘만 늦었더라면, 나는 이러한 끝없는 망국의 한을 품은 채, 왜적의 총알에 쓰러지고 말았을 것이다. 천행으로, 해방을 얻어, 이 시조와 함께 옥중 사색의 열매를 가지고서, 세상에 나오게 되었던 것이다. 8월 19일 저녁에 서울로 돌아와서는, 그 이튿날 아침 일찌기부터, 병든 다리를 끌고서, 안국 동 선학원에 동지들과 모히어서, 해방된 한배나라의 새 문화 건설의 의논을 하였고, 이어 동지들로 더불어, 한자 안 쓰기를 부르짖고 한글만 쓰기를 외치며, 한글 가로씨기를 주장하며, 국어 교육의 진흥을 꾀하였다.

한글 문화의 재건과 민주 교육의 건설과 조국혼 교육의 기초를 닦고자, 미 군정청의 문교 부 편수 국에 들어가아, 삼십 륙 년간이나 애타게 그리고 목마르게 기다리던 한배나라의 재건을 위하여, 나는 나의 충성과 최선을 다하였다. 재직 찬 3년 동안에 공무 시간을 사사로 허비한 일은 촌분도 없었으며, 신문을 들고서 일 분의 시간을 보낸 일이 없었다. 간혹 편수 국 관계의 기사를 들고 와서 말하는 직원에게 응수하노라고 신문을 들여다본 일이 있기는 하였으나, 그 허비한 시간은 삼 년간에 모두 오 분을 넘지 아니하였다(이점은 피란중 두째 번의 편수 국 시무 때에는, 시국 관계로 다소 달라짐이 있었다). 어떤 때에는 달을 등지고, 어떤 때에는 별을 이고서, 필 동 관사의 골목으로 걸어 돌아가면서, 나는 스스로 나에게 제나라에 몸바쳐 섬김의 기회를 허여하신 하느님께 무한한 감사를 올리었다.

대한 민국이 섬에 미치어, 관에서 물러나와, 오로지 한글 학회에서 그 운영과 사전 편찬의 시무에 힘쓰다가, 뜻밖의 6·25 사변으로 부산에 피란할새, 전란에 말끔 잃어버린 교과서를 다시 마련하고자, 두 번째 편수 국에 들어가서, 전연 새 판으로 편찬에 종사하는 중, 위태위태한 나라의 걱정이 가슴에 그득참을 부릴 수 없었다. 그래서, 먼저 "우리말 존중의 근본뜻"을 지어, 나라말에 대한 나의 충성을 세상에 전하고, 잇달아 "나라사랑의 길"의 짓기에 손대었으나, 위선 목전에 급한 국민 도덕을 경장하고자, 먼저 "민주주의와 국민 도덕"을 지어, 널리 학교 교육에 채용함을 입어, 도덕 교육의 선봉을 지었다. 그러나 "나라사랑의 길"은 그 뒤 여러 가지 사정으로 그 지음의 걸음걸이가 뜻같이 빨리 나아가지 못하여, 8년만에야 겨우 이제 그 끝을 맺음을 얻었다.

　요약하건대, 겨레는 나의 어머니이요, 나라는 나의 아버지이다. 겨레가 아니고는, 나는 목숨을 타고 나지 못하였을 것이며, 나라가 아니고는 나는 타고난 목숨을 누릴 도리가 없었다. 나는 겨레와 나라를 잠시도 떠날 수가 없다. 이 "나라사랑의 길"은 나의 온 생애를 통하여 끊힘없이 찾고 걷기를 힘써 온 생활원리로서, 겨레와 나라에 대한 나의 끝없는 사랑과 충성의 작업이다. 나는, 이로써, 하나는 겨레의 양심을 가진 이들에게 하소하여, 광복된 한배나라의 무궁한 독립과 온전한 발전을 촉망하며, 또 하나는 무궁무진히 달아 나는 겨레의 새 싹 청년 남녀들에게 일러, 배달 겨레의 영구한 자유와 행복을 이뤄 누리기를 당부하는 바이다. 배달의 겨레, 대한의 국민은 잠시도 이 길을 떠나지 말지어다.

　4291년 5월 15일 세종날, 세종 대왕의 거룩한 사업과 투터운 은덕을 받들어 그리면서,

노고 산방에서,

외솔 최 현배 적음

한글 전용을 생활화 하자

김 윤경*

```
                <차 례>
 Ⅰ. 돼지에게 던져진 진주여서야!
 Ⅱ. 글 없는 민족엔 문화가 없다.
 Ⅲ. 국회는 한글 전용법의 "단서"를 깎아 버리라.
```

Ⅰ. 돼지에게 던져진 진주여서야!

영국 사람이 남 아프리까에 식민지를 만들기 시작할 때에 트란쓰발에서 아이들이 금강석을 가지고 노는 것을 보고

"애들, 내 이 아름다운 구슬(유리로 만든)을 줄 테니 너희의 그 돌맹이 (금강석)하고 바꾸겠느냐?"

하였더니 그 아이들 말이

"이까짓 것이야 저 개천에도 쌓이었는데 바꾸기는 무얼 바꾸겠읍니까? 거저 가져 가시지요"

하고 내주었다는 이야기를 으래전에 어디에선가 읽은 기억이 아직도 새롭게 남아 있다.

그 금강석은 지금까지 영국 박물관에 보관되어 세계에 제일 큰 금강석이라고 자랑한다고 한다. 아무리 귀중한 보배라도 그 가치를 모르는 사람은 그것을 지니고 간직할 자격이 없고 오직 그 가치를 아는 사람만이 이를 지니고 간직하여 귀하게 쓰는 주인이 될 수 있다. 돼지에게 진주를 주어 보

---

* 「한결국어학 논집」, 1957년 1월 20일 서울신문

라. 곧 짓밟아 시궁창 속에 묻어 버리고 말 것이다. 오히려 가치를 알고 있는 쉰 비지 덩어리만도 못하게 여기는 돼지다.

우리는 세상에 둘도 없는 가장 귀한 보배를 하나 가지고 있다. 이는 트란쓰발의 아이들이 금강석을 거저 내어 주듯이 남에게 줄 수도 없고 아무리 가난하여 팔아 먹으려 하여도 팔아 먹을 수 없는 것이다. 나라는 팔아 먹고 인격은 팔아 먹었지마는 이 보배만은 팔아 먹으려 하여야 팔아 먹을 수 없었다. 보통의 보물은 쓰면 줄어지고 없어지며 헐어지게도 되지마는 우리가 가진 이 보배는 쓰면 쓸수록 늘어나고 빛나고 가치가 많아지는 신기한 보배다.

다만 이 보배가 가치를 잃게 된다든지 없어진다든지 할 경우가 있다면 오직 이 보배를 가진 주인이 이를 써 주지 않고 푸대접할 경우 뿐이다. 이 보배가 무엇이냐 하면 곧 "한글"(훈민정음)이다.

우리는 한글에 대한 인식이 남 아프리까 아이들의 금강석에 대한 인식보다도 부족하였다. 세종대왕이 한글을 만들어 놓고 발표도 하기 전에 소위 최고 지식을 가지었다는 최 만리(崔萬理) 일파의 집현전(集賢殿)학자(오늘의 학술원 회원과 같음)들이 만지 장서의 반대 상소문을 올리고 격렬히 이 보배를 깨뜨리어 버릴 운동을 일으키었던 것이다. 그 반대 이유야 말로 참말 세종대왕 말씀과 같이 "썩은 선비"(腐儒)의 미친 짓이었다.

이때 만일 세종대왕과 같이, 좋은 일이라면 꿋꿋이 버티고 나아갈 용기를 가진 임금이 아니었다면 한글은 낳기도 전에 낙태되어 버리었을는지도 모를 아슬아슬한 위기였다. 이것이 한글의 첫째 수난이었다.

한글이 반포된 지 85년 뒤에 연산군의 모도한 한글 파괴 폐지를 당하게 되었다. 그 이유야 다 잘 아는 바와 같이 자기의 색마광(色魔狂), 살인광(殺人狂), 문화파괴광(文化破壞狂)의 악행을 어느 양심 가진 자가 한글로 폭로(暴露)한 때문이었다.

한글을 가르치지도 말고 배우지도 말고 쓰지도 말라 하는 엄명이었다.

이것이 한글의 두 번째 수난이었다. 그 뒤 연산주는 내어 쫓기고 그의 악정(惡政)은 다 바로 잡히었지마는 일반 국민의 머리에서나 집정자의 머리에 한글을 존중하여 쓰고 장려하려는 생각(세종대왕부터 성종대왕 때까지와 같은)은 없어지고 반대로 한글을 멸시하고 천대하여 이를 쓰는 것은 "상놈"이나 "무식한 자"라고 낮보[賤見]며 한문은 신주같이 귀중히 여기어 몸은 "한국"사람이면서 정신은 명나라 사람으로 완전히 변하도록 썩었던 것이다.

이 같이 저[自我]를 잃고 취생몽사의 생활로 390년이란 긴 세월을 지나게 되었다. 이것이 한글의 세 번째 수난이다. 이런 썩은 사회상태가 권 덕규(權悳奎)씨로 하여금 동아일보 지상에 "가명인 두상에 일봉"(假明人頭上에 一棒)이란 통쾌한 논문을 쓰게 하였던 것이다. 그러나 "가명인"측의 맹렬한 반대로 사장 박영효씨가 사면하게까지 되었었다. 이는 왜정 때(동아일보가 난지 얼마 안된)의 일이다. 그러나 아직도 "가명인"는 적지 않은 모양이다.

우리 한글은 510년이란 역사를 가지었고 또 세계에서 가장 뛰어난 소리글[表音文] 임에도 불구하고 사궁창에 던진 구슬 모양이 되었다. 그 까닭은 이미 말하였다. 갑오 경장 이후에 우리 민족은 좀 깨게 되었다. 그러나 아직도 꿈인지 생신지 구별을 하지 못할 정도로 버릇에 사로 잡히어 있다.

"쓰면 쓸수록 늘어나고 안 쓰면 안 쓸수록 쇠멸되는 것이 무엇이냐?" 하는 수수께끼 같은 물음의 대답은 "말과 글"이다. 우리 말 우리 글을 쓴다면 우리 말수는 늘고 우리들은 이에 따라 발전될 것이다.

Ⅱ. 글 없는 민족엔 문화가 없다.

과거와 같이 한문을 숭상한다면 과거와 같이 한문에서 온 말만이 자꾸 늘게 될 것이요 서양 말을 숭상하여 무제한으로 끌어 들인다면 다시 한문 말의 전철(前轍)을 밟게 될 것이다. 그리하여 우리는 "한글로 쓰자!"고 외치어 온지 오래다. 왜정 때부터 한글 동지들은 이를 외치어 온지 35년이 되었다. 이를 위하여 왜정 당국자에게 목숨까지 바친 동지가 여러분이다.

　왜 이처럼 비싼 값을 내면서 외치는가? 이는 다름 아니라 우리 민족 문화가 발전하느냐 쇠망하느냐 갈래길이 되기 때문이다. "문화가 쇠망한들 못살리야 있겠느냐? <u>아프리까</u>나 남양군도의 야만들도 살고 있지 않느냐?"고 항의할 사람이 있을는지 모르나 이는 야만이 되어도 좋다는 막달은 골목 같은 말이니 대답할 필요도 없거니와 문화가 있다면 그 민족은 번영할 것이요 불행히 망하는 경우가 있더라도 문화는 그 민족의 생명이기 때문에 다시 살아나게 될 원동력을 가지고 있다.

　보라! <u>헬라</u>[希臘]가 다시 일어나고 <u>애급</u>이 다시 일어나고 <u>인도</u>가 다시 일어나고 <u>한국</u>이 다시 일어나지 않았느냐? 그러나 이 민족들이 일찍이 문화를 가지지 못한 야만이었더라면 결코 오늘날 다시 일어나지는 못하였을 것이다. 다 같이 식민지로 있던 아프리까의 각국 영토나 남양군도의 각국 영토만이 독립자주의 나라가 되지 못한 것은 오직 문화가 없기 때문이다.

　문화는 민족의 생명이다. 문화는 민족 번영의 거름이다. 그러면 이 문화를 일으키는 이로운 연장(기계)은 무엇인가? 이는 두말할 것도 없이 글[文字]이다. 글 없는 민족이 문화를 가진 민족이 과거에 있었던가? 현재에 있는가? 글이 있어도 그것이 쉽고 이롭게 된 것인가 어렵고 해롭게 된 것인가에 따라 문화 발전의 속도의 차이가 생긴다.

　애급이나 중국이 4, 5천년 이전에 문화를 일으키었던 민족이지마는 훨씬 뒤에 일어난 문화보다 뒤떨어지고 따라서 뒤에 일어난 문화에 압도를 당하여 쓰러짐은 이를 잘 설명하여 주는 사실이다. 쓰면 발전되고 안 쓰면 쇠퇴된다 함은 이미 말하였거나와 우리 한글과 같이 세계의 글 중에 으뜸가는 글이지마는 이를 쓰지 않으면 문화는 일으킬 수 없는 것이다. 혹은 "우리로서는 한문을 전폐할 수 없다"고 한다. 혹은 "소학을 졸업하고도 신문 한 장을 읽지 못한다"고 현 교육방침(한글 전용의)을 비난함을 가끔 듣는다.

 서양 사람들이 한문을 쓰지 않고 못 살겠다고 말함을 듣지 못하였다. 또 그들이 소학교는 고사하고 대학을 졸업하였어도 한문 신문을 읽지 못한다고 하여서 그 나라 교육방침이 틀리었다고 비난한다는 말은 듣지 못하였다. 어찌하여 우리만이 한문 없이는 못 살겠다고 하는가? 서양 사람은 한문을 저마다 배우지 않되 동양문화는 우리보다 더 잘 알고 있다.

 이는 동양학자로 하여금 한문도 배우고 한글도 배우고 일문도 배우고 법문(Sanskrit)도 배워서 동양문화를 받아 들이게 하므로 누구나 동양문화를 잘 알 수 있게 된다. 곧 다시 말하면 저마다 동양문화를 알려고 어려운 동양 글을 배우려고 핫 않고 전문가에게 나누어 맡기어서 분업적으로 연구하게 하는 것이다.

 우리도 어려운, 세계에 제일 어려운 한문을 저마다 배우느라고 소·중·대학의 대부분의 시간을 이에 희생 당하여 다른 과학에 남보다 뒤떨어지게 하는 것보다는, 이는 전문가에게 맡기고 일반은 쉬운 한글만 배워서 한문 배우기에 희생될 허다한 세월의 시간을 다른 과학연구에 쓰자는 것이다. 한문에 중독된 사람들이 다 죽은 다음 세대에는 신문이나 잡지를 한문으로 박을 사람도 없을 것이요 또 소학을 졸업하고도 신문 한 장을 못 읽는다는 한탄을 할 사람도 없을 것이다.

 한문의 중독은 아편 중독과 같아서 이미 얻은 자기의 버릇을 쓰기에 편하다하여 억만대 자자 손손에게 그 어려운 한문의 징역을 시키려는 것이다. 이는 잔인성의 횡포라고 느끼어진다. 그러나 아편중독이 되지 않은 사람으로서 아편 중독자가 아편을 안 쓰면 못 살겠다는 말을 들을 때에 정신이상자의 말 같이 들리는 것이다.

이미 말함 같이 우리는 문화를 급급히 향상시키지 않고서는 남과 같은 행복을 누릴 수 없을 것이다. 그리하여 문화발전의 촉진을 위하여 우리는 한글을 전용하여야겠다. 해방 후 우리 정부가 서자 헌법 원무을 한글로 적었고 그 해 10월 9일 한글날에 "한글전용법"을 발표하여 그 법은 엄연히 살아 있건마는 여태까지 한문은 더 성행되는 기세를 보이고 있다.

그런데 전번에 이(李)대통령께서는 각 언론기관에 한글 전용을 권한 일이 있었고 서울신문이 그 앞잡이가 되어 이제 순 한글판을 내고 있다(한글만을 내었다면 더 좋았겠으나) 나는 이에 대하여 가장 깊은 경의를 표하여 마지 않으며 가장 고마움을 표하여 마지 않는다. 각 언론기관도 이에 따를 용단을 내주기를 고대하여 마지 않는다.

과거 독립신문이나 해외 동포들의 온갖 간행물이 순 한글로 나아옴을 보고 들은 바다. 그리고 미국에 있는 동포들이 국내에서 발행하는 신문이나 잡지나 단행본을 순 한글로 써 주기를 갈망하고 한문을 많이 섞음에 대하여 불평을 말함을 들었다. 국내의 간행물에 한문을 많이 섞음으로 말미암아 국내의 한문을 모르는 대다수의 동포들과 해외의 동포들의 독자를 많이 잃음을 깨달아야 할 것이다.

또 한문을 많이 섞어 써 버릇하는 일은 그만큼 우리의 순수한 국어를 구축하게 되어 우리 말의 정화(淨化)와 발전을 크게 방해하고 있음을 알아야 한다. 유명한 언어학자 예쓰페르센이 말하기를
"외국말을 자주 많이 써 버릇하면 똑 같은 뜻을 가진 순수한 자기말에 대한 어감을 서툴게 하여 결국은 자기말을 죽이고 외국말을 끌어 들이게 된다"
하였다.

또 여러 언어학자들은 자기말을 충분히 배우기 전에 외국말을 조(무)교육 시킴을 반대한다. 우리는 여기에 귀를 기울이고 크게 반성하여야 할 것이다.

"쓰면 발달하고 안 쓰면 쇠퇴 또는 퇴보한다" 하는 진리는 생물진화에만 적용될 진리가 아니요 말과 글의 발전에 대하여도 적용될 진리다.

생물학자의 말을 들으면 생물의 그 지체나 어느 기관을 쓰면 쓸수록 발달되지마는 안 쓰면 안 쓸스록 쓰기가 어렵게 되고 마침내는 퇴보하여 못쓰게 된다 한다.

장님은 보지 못하기 때문에 보는 대신에 청각이나 미각(味覺)이 놀랍게 발달하여 보통 눈뜬 사람이 따를 수 없이 됨을 본다. 인력거꾼이나 우편배달부는 늘 다리를 많이 쓰게 되므로 아킬리쓰 근육이 심히 발달하여 보통 사람이 따를 수 없을 건각자(健脚者)가 되고 대장장이는 늘 망치질을 하여 팔을 많이 쓰기 때문에 팔 힘이 보통사람이 따를 수 없이 세게 된다. 그 반대로 어릴 적부터 귀먹은 어린 아이는 남의 말을 듣지 못하기 때문에 말에 쓰이는 발성기관을 쓰지 않아서 결국은 벙어리가 된다.

어느 동굴(洞窟)속 바닷물에 사는 고기를 잡아 보매 눈이 모두 멀었더라고 하는데 동물학자는 설명하기를 이는 컴컴하여서 볼 필요가 없기 때문에 시각(視覺)을 쓰지 않아서 눈의 작용은 퇴브되어 눈이 멀게 된 것이라 한다. 말과 글도 ㄷ를 사랑하여 쓰면 그 말과 그 글은 발전하기를 마지 않지마는 천시하고 멸시하여 안 쓰는 그 말과 글은 퇴보에 퇴보를 거듭하여 결국은 폐기됨에 이른다. 이는 멀리 그 증거를 찾을 것 없이 우리말과 우리 한글을 보면 똑똑히 깨닫게 될 것이다.

과거의 우리 선조들은 한문과 한문에서 온 말을 존중하여 쓰고 우리말과 한글을 천대하고 박대하였기 때문에 우리말과 우리글의 쇠퇴를 만들어 낸 것이다. 명치유신(明治維新) 초에 일본의 삼 유례(森有禮)란 문부대신(우리의 문교부장관과 같음)이 일본말과 일본글을 쓰지말고 영어, 영문을 쓰자고 주장하였을 때에 어느 외국인 고군관이 무도한 짓이라고 반대하여 중지되었다 함은 오늘날의 한 웃음거리가 되었거니와 우리는 그를 흉 볼 수 없는 그러한 잘못을 범하고 실천한 민족이다.

Ⅲ. 국회는 한글 전용법의 "단서"를 깎아 버리라.

우리는 과거의 선조의 잘못만 원망하지 말고 과거는 과거에 장사하여 버리고 오늘의 우리의 잘못만 시정하자. 그리하여 우리 자신들이 제二의 최 만리나 제2의 연산주나 제2의 사대사상 중독자(事大思想中毒者)가 되지 말기를 맹세하자. 이것이 우리의 장래를 명랑하고 행복되게 할 찬란한 문화의 열매를 맺게 할 것이다.

이러한 말을 옳다고 인정하는 것만 능사가 아니다. "믿음이 있노라 하고 행함이 없는 믿음은 죽은 믿음이라"한 성구(聖句)와 같이 실천이 없는 이론은 무용의 장굴이다. 우리는 한글을 사랑하여 한글로만 우리말을 적기를 생활화하자. 자기의 이름이나 주소부터 한글로 쓰자. 일기를 한글로 쓰자. 편지를 한글로만 쓰자. 신문이나 잡지나 저서에 한글로만 쓰는 버릇을 만들자. 여기에 한 큰 난관은 민적과 법률용어가 한문으로 되어 있기 때문에 민중이 이에 관한 청원서류나 인감 증명 같은 것을 한글로 제출하면 무식한 제일선 공무원은 이를 물리치는 답답한 일이다.

물론 이 많은 서류를 한글로 뜯어 고침에는 막대한 비용이 소비될 것이다. 그러나 관청 문서가 한문으로 되었더라도 관청이 민간에 발표하는 모든 서류와 민간에서 제출되는 모든 서류부터 한글로만 쓰게 한다면 막대한 비용을 안 들이고라도 차차 한글로 고치어짐에 이를 것이다. 민중을 대신하여 권리를 모아 가진 국회의원 여러분은 민족의 흥망 성쇠의 열쇠가 되는 한글 전용법의 "단서"에 붙은 "당분간 한문을 섞어 쓸 수 있다"함을 깎아 버리도록 개정하여 주기를 간절히 바라는 것이다.

"당분간"은 이미 십 년이 되어도 끝이 없으니 언젠가 본문의 정신을 살리게 될 시기란 말인가? 이 "단서"가 붙어 있는 동안은 그 법은 있으나마나 마찬가지다. 왜 대통령이 그처럼 한글 전용을 누누이 권고하건만 문교부만이 이를 실행에 옮기고 다른 부는 이에 협력하지 않는가? 학자들이 다 옳다고 보고 다수한 문화인이 옳다고 보는 민족문화에 지대한 관계가 있는 한글전용을 대통령이 그처럼 여러 번 권고하는 것을 무슨 때문에 거역하는가 말이다.

대통령 말이라면 잘못된 일까지 좇으라 함은 아니다 실시의 권한과 책임을 진 공무원이나 국회의원들은 이에 일치 협력하여야 할 것이다. 옳은 일 유익한 일에는 용단이 필요하다. 토이기의 케말파샤는 어려운 아라비아 계통의 글을 버리고 쉬운 로마자를 채용하는 혁명을 일으키었고 중국은 손 문의 정치혁명이 있은 다음에 사천 년 써 오던 한문을 버리고 "주음자모"(注音字母)란 소리글[表音文字]로 고치었고 근일에 중국 공산당에서도 한자를 버리고 로마자 25자(중국말에 필요없는 V를 버림)와 중국말에 특유한 발음을 표시할 5자를 더한 모두 30자를 채용하게 되었다 한다.

한문의 본 고장에서 이처럼 오랜 습관에 젖은 한문을 헌신짝 같이 버리는데 우리는 남의 병에 단지(斷指)한다는 셈으로 남의 글인 한문에 그처럼 충성하고 그처럼 우상 섬기 듯할 이유가 어디에 있는가? 남이 문자를 혁명하는 용기의 십분의 1이나 백분의 1만 가지면 한문의 우상을 깨뜨리어 버릴 수 있을 것이다.

우리글 우리말을 사랑하여 쓰기를 실천에 옮기자. 생활화하자.

국어 순화는 왜 해야 하며 어떻게 해야 하나?

허 웅*

<차 례>
Ⅰ. 현대 한국말의 실태와 그 분석
　(1) 우리말은 여러 가지 문제를 안고 있다.
　(2) 우리 낱말 체계가 안고 있는 문제
　(3) 문제의 요인 분석
Ⅱ. 순화해야 하는 근본 이유 몇 가지
　(1) 언어의 전달 기능으로 보아서
　(2) 말과 생각의 관계로 보아서
　(3) 말의 생성 창조의 본질로 보아서
Ⅲ. 국어 순화의 방법
　(1) 토박이말의 순화—고운말 바른말 쓰기—
　(2) 한문식 말투와 한자말—쉬운 토박이말로—
　(3) 서양 외래말—쉬운 토박이말과 쉬운 한자말로—
　(4) 일본말과 일본식 한자말
　(5) 마무리
Ⅳ. 성공으로 이끄는 길
　(1) 반대 의견
　(2) 토이기말의 예
　(3) 실천 방법

　우리 나라에서 본격적인 국어 순화 운동이 일어난 것은 주 시경 선생부터이다. 선생은 그의 문장에서 되도록 토박이말을 살리려고 했을 뿐 아니라, 학술 용어마저도 순수한 토박이말로 지어 내었다. 독립신문이 이 이념

---

* 허 웅(당시 한글 학회 이사장) 선생의 이 글은 국어순화추진회가 1978년 4월 20일 엮은 책 「국어순화의 길」에 실었던 글이다.

을 실천에 옮긴 것도 특기할 만한 일이다.
　이러한 이념은 한 때 중단된 느낌이 있었으나, 해방 뒤 일본말 몰아내기 운동으로 계승되었고, 최근에는 서양 외래말 안 쓰기 운동에 이어졌다.
　이러한 움직임은 과연 긍정적으로 받아들여질 만한 가치가 있는 일일까? 그 의의와 실천 방법을 모색해 본다.

Ⅰ. 현대 한국말의 실태와 그 분석

　우리들은 흔히 우리말에는 외래말이 많기 때문에 언어 순화를 해야 한다고 한다. 그러나, 외래말을 쓰지 않는 언어는 아마 이 세계에는 없을 것이다.
　또 말하기를 우리말은 너무 거칠어져 가기 때문에 말을 곱게 다듬어 써야 한다고도 한다. 그러나, 고운말만 쓰는 나라가 과연 있을까? 어느 나라에도 범죄 집단은 있게 마련이며, 그 집단에서는 고운말이란 말 자체가 웃음의 대상이 될는지 모를 일이다.
　그런데, 우리가 오늘날 언어의 본질상 당연히 있을만한 일을 가지고 문제를 삼는 그 근본 이유는 무엇일까?

(1) 우리말은 여러 가지 문제를 안고 있다.

　우리는 오천 년의 역사를 자랑한다. 과연 오천 년이란 긴 역사를 가진 문화 민족은 이 지구상에 그리 흔하지 않으므로 우리는 이 긴 역사를 자랑할 만하다. 그러나, 이 긴 역사를 통해서 우리가 우리말 연구와 우리말 교육을 한 기간은 얼마나 될까 하는 문제는, 우리들 국어를 공부하는 사람으로서는 마땅히 한번 생각해 봐야 할 일이다. 아니 국어를 공부하는 사람만이 아니라, 모든 국민이 다 같이 생각해 봐야 할 문제이다. 그것은 국어란 우리 민족의 가장 중요한 보람—한국 민족의 한국 민족됨의 가장 중요한 표시—이기 때문이다.

신라나 고려 시대를 생각해 보자. 「삼국사기」에, 설 총이 "방언(方言)으로써 구경(九經)을 읽었다."는 기록이 보이고, 「삼국유사」에는 그가 "방음(方音)으로써 중국과 외국의, 지방 풍속 물명을 잘 알고 있었다."는 기록이 있는 것으로 보면, 그는 매우 훌륭한 언어학자이었던 것으로 추측되나, 그의 이러한 학문이 계승 발전된 흔적은 찾을 수 없다.

조선조 초기에 훈민정음을 만들 때에는 언어학의 연구가 고도로 발달되어, 「훈민정음 해례」는 세계적인 언어학 고전으로 손꼽을 만한 훌륭한 것이지만, 그러나 그들의 국어에 대한 자각은 아직 그다지 나아가지 못해서, 「훈민정음 해례」 자체가 한문으로 되어 있고, 또 「용비어천가」의 대부분을 차지하는, 역사적 사실에 대한 설명도 한문으로 되어 있다. 조선조 오백 년 동안의 선비들은, 한문을 가르치고 배우는 데에만 힘쓰고, 우리말을 연구하고 가르치고 배우는 데는 거의 무관심했던 것이다.

갑오경장 이후에는, 이 방면에 있어서도 약간의 희망적인 움직임이 보이는 듯 했다. 공문서나 교과서에, 한문만 쓰던 버릇을 약간 고쳐, 소위 국한 혼용문을 쓰게 하고, 뜻 있는 선각자들은 한글만을 쓰고, 우리말을 연구하려는 의욕을 가지기 시작했던 것이다. (그 가장 두드러진 예는 「독립신문」과 주 시경 선생이다.)

그러나, 아깝게도 일본 침략자에 의해서 이러한 싹은 무자비하게 짓밟히고 말았다. 그들은 한국말이 한국 민족의 보람(표시)임을 알고 있었다. 그리하여 그들은 우리에게서 한국 민족의 보람을 빼앗기 위해서, 한국말을 조직적으로 파괴하려 했던 것이다. 그들은 학교에서는 물론, 가정에서까지 한국말을 쓰지 못하게 하고, 심지어는 한국말을 연구하는 학자들을 감옥에 가두고 학살을 감행했던 것이다.

이것이 우리 오천 년의 국어 연구와 국어 교육의 역사이다.

이렇게 반성해 보면, 진정한 국어 교육의 역사는 해방 뒤 지금까지 불과 삼십 년에 지나지 않는다고 지적할 수 밖에 없다. 여기에 우리 국어가 여러 가지 문제들을 안게 된 근본 이유를 발견하게 된다. 지난날 우리말을 제대로 연구하지 않았기에, 국어 문제들을 학문적으로 올바르게 해결해 줄 수 있는 능력이 충분하지 못한 실정이며, 지난날 우리말이 전혀 교육되지 않았기 때문에, 지방은 지방대로, 가정은 가정대로, 개인은 개인대로 말을 제 멋대로 쓰고 있어, 일정한 규범을 찾기가 어려워지게 된 것이다.

물론, 일제 때의 우리 애국 학자들의, 생명을 내건 국어 연구의 결과, 그리고 해방 뒤의 국어 교육의 결과, 오늘날의 국어의 모습은 지난날과는 현저히 달라졌다. 그러나, 그 연구와 교육의 역사는 너무나 짧기 때문에 오천 년의 묵밭은 아직 제대로 다듬어지지 않고 있다.

(2) 우리 낱말 체계가 안고 있는 문제

이리하여 지금 우리말에는 여러 가지 문제들이 표면으로 나타난다. 물론 문제를 안고 있지 않은 언어는 영원히 있을 수 없을 것이나, 우리말은 교육상 일정한 방침을 세우기 어려우리만큼 아직 해결할 수 없는 문제들이 많이 있다. 맞춤법에 그런 점이 허다하며, 특히 띄어쓰기는 각인각색이다. 낱말의 발음법 문제로 일선 교사들은 항상 시달림을 받는다. 말본에도 교육상 문제 되는 것이 한두 가지가 아니다.

이렇듯 우리말은, 한자 문제를 제쳐놓고서도, 맞춤법 발음법 말본에서 여러 가지 문제를 안고 있어서, 이것들이 다 시급한 국어 문제로서 등장되지 않는 것이 없으나, 지금 우리들의 국어 순화에 있어서 문제가 되는 것은 낱말의 체계이다.

지금 우리들이 쓰고 있는 한국말의 낱말을 그 기원에 의해 나눠 보면, 첫째, 토박이말과 그렇지 않은 말로 크게 나뉜다.

토박이말이란 본디부터 우리 나라에서 쓰이던 말로서, 외국에서 빌어온 흔적을 찾아볼 수 없는 것이고, 그렇지 않은 말이란 본디 우리말에 없던 것으로서, 외국에서 빌어온 것을 말한다. 물론, 이렇게 두 가지로 나누는 데는 문제가 없지 않다. 우리들이 지금은 우리말에 본디부터 있었을 것으로 생각하는 말도, 어원학이나 비교언어학으로 연구해 보면, 그렇지 않은 것으로 밝혀지는 것도 흔히 발견된다. 그러나, 「사람, 봄, 가을, 눈, 집, 하늘……」 따위 말들은 토박이말임이 분명하고, 「선생, 학교, 전기, 펜, 잉크, 후까시, 고데……」 따위는 외국에서 빌어온 말임이 분명하여, 이 두 가지는 대체로 그리 힘들지 않고 구별해 낼 수 있다.

둘째, 외국에서 빌어온 것도 크게 두 가지로 구별된다.

하나는, 외국에서 들어온 말일지라도 그 들어온 역사가 오래고, 그 쓰이는 범위가 넓어서 모든 국민이 거의 다 알아 들을 수 있는 것이니, 이것은 일반적으로 「외래말」이라 불리는 것이며, 다른 하나는 아직 그렇게 널리 쓰이지 않는—따라서 우리 국민이 쉽사리 알아 들을 수 없는—「빌어 쓰는 말」이니, 이것은 우선 「외국말」이라 불러 두는 수밖에 없을 것이다. 이 두가지는 앞의 토박이말과 「빌어온 말」을 구별하기보다 그 구별이 더 어렵다. 외래어는 원칙적으로 우리말에 동화되어 우리말의 낱말 체계에 완전히 토착하여야 하는 것인데, 「토착화」와 「동화」를 잴 수 있는 잣대가 그리 분명하지 않은 것이다. 지금 우리 나라 운동 경기 중계 방송에 쓰는 외국말들은 과연 우리말에 동화된 말인지 아닌지 판정하기 어렵다. 그러나 앞에 든 「학교, 펜」 따위는 우리말에 완전히 동화 토착된 말이지만 「퍼스트 임프렛션이 좋다」의 「퍼스트 임프렛션」은 그렇지 않다는 정도의 구별을 하기는 그리 힘들지 않을 것 같다.

세째로, 외래말도 그 국적에 따라 크게 세 가지로 나뉜다.

그 들어온 시대 차례로 말한다면, 첫째는 한자말이고, 둘째는 일본말 찌꺼기이고, 세째는 대부분 서양에서 들어온 그 밖의 외래말이다. 한자말은 중국서 한자와 더불어 들어왔거나 그 한자를 토대로 하여 우리가 다시 만들어낸 말인데, 이것은 들어온 역사가 오래기 때문에 외래말의 한가지로 보지 않으려는 학자도 있으나, 앞에 제시한 분류법에 따르면 엄연히 외래말의 한 가지이다. 특히 한자말은 지금까지 한자로 적혀 왔기 때문에 우리 토박이말에 동화되는 과정이 그리 순조롭지 못했다고 보아진다.

[국어의 낱말] { 토박이말 / 빌어온 말 { 동화·토착한 외래말 { 한자말 / 일본말 / 그밖(서양말) } / 그렇지 않은 외국말 } }

이렇게 우리 낱말을 분류해 놓고 보면, 우리들은 우리 낱말 체계가 안고 있는 문제를 파헤칠 수 있게 된다.

첫째, 한자말이 너무 많은 것이 문제이다.

한글 학회에서 낸 「큰사전」의 낱말 통계에 의하면, 표준말로 잡은 말이 140,464 낱말인데, 이 중 순우리말(토박이말)이 56,115 낱말이고, 한자말이 81,362 낱말이다. 한자말이 토박이말의 거의 한배 반을 차지하고 있다. 이것은 본말이 전도된 숫자이다. 이리하여 한자말을 많이 섞어쓰는 사람들은 젊은 사람과 말이 잘 통하지 않는다.

둘째, 일본말 찌꺼기가 아직 가시어지지 않고 있는 것이 문제이다.

해방 뒤 우리들은 일본말 몰아내기 운동을 벌인 결과, 일본말은 표면에는 잘 나타나지 않는다. 즉, 저서에나, 신문 잡지에나, 라디오·텔리비전 따위에서 일본말을 찾아내기는 힘든다. 그러나, 우리 생활의 이 구석 저 구석을 들여다보면 일본말은 아직 많이 남아 있음을 발견한다. 가정 생활에서 그렇고, 이발소 미용원 요리점이 그렇고, 공사장 공장이 다 그렇다. 그래서 젊은 학생들은 이런 데서는 말이 잘 통하지 않는다.

세째, 서양 외래말(외국말)이 넘쳐 흐르고 있는 것이 또한 문제이다.

해방 전에도 서양 외래말은 많이 쓰이고 있었지만, 해방 뒤에는 그 풍조가 더 세어져 가고 있다. 어떤 것은 완전히 동화되고 토착하여 우리 토박이 말과 다름없이 쓰이게 된 것도 있지만, 대부분의 서양말은 그렇지 않은 것이 많다. 거리의 간판을 쳐다보고 있으면 여기가 과연 한국인가 의심이 날 정도로 외국말 투성이다. 상품 이름도 외국말로 하든지, 외국 글자로 하든지 않으면 팔리지 않을 줄로 착각을 하고 있다. 요즘 유행하는 아파트 이름도 그렇고, 심지어는 개 이름, 땅 이름, 사람 이름도 서양말 투성이다. 운동 경기 중계도 현기증이 날 지경이다. 지식인들의 대화를 들으면, 그 사람의 국적이 의심날 정도로 서양말을 섞어대는 일이 흔하다. 그리하여 웬만큼 서양말 공부를 해 봤자 이런 말들을 완전히 이해하기는 어렵게 되어 있다.

과연 이래도 될까?

(3) 문제의 요인 분석

이것이 우리말의 현실이다. 밖에서 들어온 말들 때문에 큰 혼란에 빠져 있는 것이 우리말의 사용 실태이다. 그러면 그 원인은 무엇일까?

말은 그 민족의 생활의 역사를 반영한다. 우리말의 이러한 현실은 우리 민족의 지난날의 생활사를 반영하고 있는 것으로 보아진다.

우리는 지난날 거대한 중국 문화의 영향을 받고 살아 왔다. 그리하여 그 글자를 빌어 우리말을 적기도 하고, 양반 귀족들은 「한문」으로 글자 생활을 했었다. 이러한 글자 생활의 양상은 훈민정음이 만들어지고 난 뒤에도 고쳐지지 않았고 지금도 여기에서 탈피하지 못한 사람이 남아 있다. 여기 우리 토박이말의 한배 반이나 되는 한자말이 우리 사전에 실리게 된 이유가 있다.

중국 문화의 영향에 비하면 일본의 영향을 받은 것은 지극히 짧은 시기에 지나지 않는다. 그러나, 이 시기는 우리 역사상 매우 중요한 시기—즉 현대 생활로 넘어오는 바로 그 초기—이었기 때문에 우리의 현대 생활에 관한 많은 말들이 그들을 통해서 들어오게 되었다. 그리하여 학문의 술어를 비롯해서 현대 생활의 구석구석에서 일본말의 찌꺼기를 찾을 수 있게 된다.

해방 뒤에는 서양의 영향을 —특히 미국의 영향을—지나치게 받고 있으니, 이것이 서양 외래말이 넘쳐흐르게 되는 이유이다.

우리는 오늘날 국제 정세의 격변해 가는 소용돌이 속에서 우리의 자주 정신을 확립하여 그 토대 위에서 지혜롭게 처해 나가지 않으면 안 될 중요한 시기에 처해 있다. 이 때에 우리의 국제적 처신이 자칫 잘못 되면, 과거의 비극이 다시 되풀이될 가능성마저 없지 않다. 우리의 자주 정신의 확립이 절실히 요구되는 시기는 바로 이 때이다. 이 때를 당하여 우리의 지난날의 달갑지 않은 생활사의 투영인 우리말의 모습을 반성해 보고, 그 가운데에서 달갑지 않은 요소들을 한번 정리해 보자는 생각이 나는 것은 당연한 일이다. 오늘날 국어 순화 운동이 일어나게 된 역사적 의의를 우리는 이렇게 분석해 본다.

외래말이 넘쳐 흐르게 된 외부적 이유는 저러하거니와, 내부적 원인은 우리 국민의 정신 상태에서 구할 수 있다.

우리는 지난날 중국말 빌어쓰는 것을 자랑으로 여겼고, 한자 많이 알고 많이 쓰는 것을 자랑으로 여겨 왔다. 우리는 지난날 국민 학교와 중고등 학교의 작문 시간에 되도록이면 많은 한자말에, 되도록이면 많은 어려운 한자를 써야 좋은 점수를 받았고, 지금도 시험 답안지에 한자를 쓰지 않으면 점수를 주지 않겠다고 협박하는 대학 교수가 있다는 것이다. 정말 웃지 못할 이야기가 아닌가?

　이러한 정신 자세는 일제 시대에 이어받아져서, 한국말을 알면서도 모르는 척 하고 일본말만 지껄이는 놈들이 있더니, 심지어는 한국 사람이면서 일본말 모르는 학부형과 대화할 때는 통역을 세우고 말을 한 중학교 교사까지 나타나게 되었던 것을 우리는 아직 기억하고 있다.

　해방 뒤의 서양말 지껄이는 풍습도 같은 정신에서 나타난 결과이다. 「문지기」면 어때서 굳이 「골키퍼」르 불러야 하는지 이도 또한 모를 일이다. 소위 지식인들의 대화는 미국말 투성이다. 심지어는 미국에 몇 달 동안 머무르고 돌아와서 혓바닥이 꼬부라지는 놈도 있다.

　외국에 가 있는 교포 이세들 중에 우리말 아는 사람이 몇 사람이나 되던가? 그들이 돌아오면, 아이들이 한국말을 몰라서인지, 아니면 다시 외국으로 되돌아갈 것을 생각해서인지 대개는 그들의 자제는 외국인 학교에 넣는다.

　이 모두가 다 같은 정신의 바탕에서 우러나온 결과이다. 한자나 쓰고 한문만을 배우면 지난날의 양반 선비들의 정신이나, 일본말을 일본 사람처럼 하기를 소원으로 삼던 친일 족속들, 외국말 잘하는 것이 바로 학문인양 착각하고 있는 지금의 사이비 학자들의 정신, 이 모든 현상의 밑뿌리는 다 한 가지인 것이다.

　우리는 지금 이러한 예속적 정신 상태에서 벗어나야 한다. 우리는 지금 지난날의 식민지적, 내지는 반식민지적 문화를 벗어 던지고, 주체성 있는 우리의 문화를 확립해야 할 중요한 시기에 직면하고 있다. 이런 때에 예속적 정신 상태의 소산인 외래말 남용을 정리하고, 토박이말을 창조적으로 부려 써 봐야겠다는 움직임이 일어나게 된 것은 당연한 일이다. 우리는 오늘날 국어 순화 운동이 일어나게 된 근본 정신을 이렇게 분석해 본다.

Ⅱ. 순화해야 하는 근본 이유 몇 가지

　오늘날 국어 순화의 움직임이 일어나게 된 역사적 배경과, 그 근본 정신은 위에서 서술한 바와 같거니와, 한 걸음 더 나아가서 순화해야 하는 근본 이유를 말 자체의 기본 성격에서 구해 보기로 한다.

(1) 언어의 전달 기능으로 보아서

　말이 존재하는 근본 의의는 두말할 것 없이, 사람과 사람 사이의 의사를 전달하는 데 있다. 생각은 남에게 바로 전달되지는 못하며, 반드시 말을 통해야 하는 것이다.
　한국말은 한국 국민의 의사 전달의 도구로서 존재한다. 그러므로, 한국말은 한국 사람이면 누구나가 다 알아 들을 수 있는 것이며, 또 그래야만 한다. 이것이 한국말의 이상적인 모습이다. 이 이상적인 한국말의 모습을 추구하기 위해서, 우리는 지역적인 차이나 개인적 차별을 초월한 표준말을 제정하고, 이것을 모든 국민에게 가르치게 되는 것이다.
　그런데, 여기 일부 한국 사람에게만 통용될 수 있는 어려운 한자말이 섞여 있어서는 그 말은 이상적 한국말의 모습에서 멀어진다. 또, 여기 일본말 찌꺼기가 아직 남아서, 공과 대학생이 공장에 가서 당황하게 되어서는, 그 말은 바른 한국말이라 할 수 없다. 운동 경기의 중계 방송을 듣고 저것도 한국말일까 의심이 나도록 서양말 투성이가 되어서는 그것은 한국말의 본연의 자세가 아니다.
　말에 의한 생각의 교환은, 생각의 개인적 차이를 조절하고, 한 국민으로서의 통일감을 북돋우게 된다. 그런데, 일반 국민에게 제대로 이해되지도 않는 외래말·외국말이 뒤섞여 있어서는 국민 사이의 감정의 단절이 생겨나고, 따라서 국민 안에 계층이 생겨나게 된다. 물론, 사회적 계층에 따라 말이 약간 달라지는 것은 어디서나 볼 수 있는 현상이지만, 이것은 사회적으로도 바람직한 일이 아니며, 더구나 언어에 의해 이러한 사회적 계층 사이의 단절을 촉구하는 결과가 되어서는 안 될 것이다.

(2) 말과 생각의 관계로 보아서

17세기(숙종 때)의 우리 나라 정치가이며 소설가인 김 만중(金萬重, 1637~1692)은 그의 「서포만필」(西浦漫筆)에,

> 사람의 마음이 입으로 나오면 말이 되고 말에 가락이 붙으면 가시문부(歌詩文賦)가 된다. 사방의 말이 비록 같지 않으나, 진실로 갈 잘하는 사람이 있어 각각 그 말에 의해서 가락을 붙이면 곧 족히 천지를 움직이며 귀신에도 통할 수 있는 것이니, 이것은 오직 중국에서만 있을 수 있는 일이 아니다.

란 말을 남기고 있다.

사람의 마음이 입으로 나오면 말이 된다는 것은, 생각을 나타낼 수 있는 도구가 말이라고 정의하는 그런 얄팍한 해석으로써는 그 진의를 파악했다고 할 수 없다. 그렇다면 그 말에 가락이 붙은 것이 천지에 통하고 귀신을 움직일 수 있는 힘이 어디서 나오는지 이해가 되지 않는 것이다. 그러므로, 이 말은, 말과 마음(생각) 사이에는 뗄 수 없는 밀접한 관계가 있다는 사실을 표명한 것으로 이해하지 않으면 안 되는 것이다.

말과 생각의 일치, 말은 즉 생각이요, 생각은 즉 말이란 사상은 서양 철학자들 사이에서도 흔히 찾아볼 수 있는 일이다. 슐레겔(A. W. Schlegel)은 "언어는 인간 정신을 그대로 본떠 놓은 것"이라 하였고(Chomsky : Cartesian Linguistics에 의함), 라이쁘니쯔(Leibniz)는 "언어는 인간 정신의 가장 좋은 반영"이라 했다.(Katz : The Philosophy of Language에 의함)

헤겔(Hegel)도 말은 "생각의 몸뚱이"라 했으며(Brice Parain : Recherches sur la nature et les fonctions du langage에 의함), 빠랭 자신도 "말은 확실하지 않은 정신의 표현이 아니라, 정신의 규범"이라 하고 있다.

말은 단순히 생각을 표현해 주는 도구로서 봉사하는 데 그치는 것이 아니라, 이 생각을 좌우하는 힘을 가지고 있는 것이다. 생각의 도구로서 봉사하는 말은 생각에 반작용을 가하게 되는 것이다. 우리가 객관 세계에 존재하는 사물을 인식할 때에는, 있는 그대로의 사물을 있는 그대로 인식하는 것이 아니라, 말의 장막을 통해서 인식하게 되는 것이다.

소리를 듣는 데도 그렇다. 우리들은 여린소리와 된소리와 거센소리의 다름을 바로 알아 들을 수 있다. 그리하여 「불」과 「뿔」과 「풀」의 뜻이 다름을 알 수 있는데, 인구어 계통 언어를 모국말로 하는 서양의 사람들은 이 차이를 직각적으로 알아 듣지 못한다. 그 반면 그 사람들이 바로 구별하는 /p/와 /b/의 다름을 우리들은 바로 알아 듣지 못하는 것이다. 우리말에는 [p] 소리와 [b] 소리가 많이 쓰이고 있는데도 불구하고, 우리들은 이 두 소리를 잘 구별하지 못하는 것이다. 이러한 현상은 두 언어의 음운 체계가 다르기 때문이다. 즉, 두 나라 사람은 그 음운 조직의 다름에 따라, 소리를 인지하는 능력도 달라지게 된 것이다.

낱말의 경우도 그러리라 짐작이 된다. '하늘도 푸르고 풀도 푸르다'로 표현할 수밖에 없는 우리말을 모국말로 하고 자란 우리들의 빛깔에 대한 인식과, 한편은 blue로, 다른 편은 green으로 달리 표현하는 언어를 모국말로 자란 사람의 그것이 과연 꼭 같을까? 우리는 양자 사이에 어떠한 차이가 있으리라 짐작을 한다. 즉, 하늘 빛깔과 풀 빛깔 사이에는 공통점과 차잇점이 있는데, 전자는 그 차잇점보다 공통점에 착안을 해서 빛깔을 인식하고, 후자는 그 공통점에보다 차잇점에 관심을 두고 빛깔을 인식하는 다름이 있으리라 짐작이 된다.

문법의 경우도 또한 그런 것으로 짐작이 된다. 우리말에는 「주체 높임」

과 「상대 높임」이 있다. 그러므로 우리들은 남을 말에 등장시키거나 말의 상대로 끌어들일 때, 앞의 경우에는 그를 높일 것이냐 그렇지 않을 것이냐의 두 등분으로 나누고, 뒤의 경우에는 다섯 가지 등분으로 나누지 않으면 말을 할 수 없게 되어 있다. 곧 우리들은 우리말의 구조 때문에 남을 이러한 방식으로 인식하도록 강요 당하고 있는 것이다. 이 즉, 그렇지 않은 언어 구조를 가진 모국말로 자란 사람들의 인식 방식과 다르리라 짐작이 된다.

물론 사고와 언어의 이러한 관계는 밀착되어 있다고는 할 수 없을 것이다. 언어의 구조와 생각의 곬을 일대일인 것으로 전제하고 그것을 증명하려다가는 많은 모순에 부딪히게 될 것은 빤한 일이다. 그러나 그 관계는 전혀 무시할 수 없음은 앞의 설명으로 어느 정도는 증명이 된다.

여기에서 우리는

> 낱말의 의미작용의 정확한 분석은, 다른 무엇보다 오성의 작용을 더 잘 인식하게 한다.

고 한 라이쁘니쯔의 말(Katz : 앞에 든 책)을, 그리고 빠랭이 말을 "정신의 규범"이라고 한 말을 이해할 수 있으며, 나아가서는 바이스게르버(Weisgerber)가 말을 「중간 세계」라고 한 말의 뜻을 이해할 수 있게 된다. 즉, 인식의 대상인 객관 세계와 인식의 주체인 「나」 사이에는 말이란 장막이 있어 나의 인식의 방식을 좌우한다는 것이다. 소쉬르(F. de Saussure)도 생각과 말의 관계에 대해, 다음과 같이 말하고 있다.

> 심리적으로는, 말로써 표현되지 않고서는, 우리의 생각은 꼴 없고 불분명한 덩어리에 지나지 않는다. 기호의 도움 없이는, 우리가 두 생각을 똑똑히 그리고 한결같이 구별하지 못하리란 것은, 철학자나 언어학자나 다 같이 인정하는 일이다. 그 자체로 본다면, 생각이란 것은, 필연적으로 한정된

것이라곤 아무 것도 없는 성운과 같은 것이다. 미리 형성된 관념이라곤 존재하는 것이 아니며, 언어가 나타나기 전에는 똑똑한 것이라곤 아무것도 존재하지 않는다. (Cours)

말은 생각의 양식을 좌우하는 힘을 가졌고, 개별적인 말의 구조는 각각 다르다. 여기에, 각 국민의 생각의 방식이 각각 다른 이유를 우리는 발견하게 된다.

우리는 여기에서, 두 가지 언어를 다 같이 모국어처럼 쓰는 사람들의 생각의 양식은 어떠할까 하는 문제를 한번 생각해 볼 흥미를 가지게 된다. 말의 구조가 생각의 방식(필자는 이것을 「생각의 곬」이라 부른다)을 이끌어 나가는 거푸집과 같은 구실을 한다면, 이런 사람들은 두가지 다른 말의 구조에 이끌리고 있는 셈이 되겠는데, 그렇다면 그들의 생각의 곬이 혼선을 일으키지나 않을까 추리를 해 볼 수 있다. 여기에서 우리는 예스뻬르세의 다음과 같은 말을 상기한다.

두 가지 종류의 언어에 익숙하다는 것은 물론 어린 아이에게는 유리하겠지만 그러나 그 유리한 점은, 아마, 그리고 대개는, 너무나 비싼 값을 치르고 얻어지리란 것은 의심할 여지가 없다. 다른 것은 그만두고라도, 그 아이들은 두 언어의 어느 하나도, 하나만을 배우는 경우처럼 완전히는 배우기 어렵다. 겉으로는 그들이 토박이들처럼 말하는 것과 같이 보일지 모르나, 실은 그 언어의 미묘한 데까지 자유로이 부려쓰지는 못하는 것이다. 두 종류의 언어를 사용하는 어린이가 시인이나 웅변가와 같은 언어의 명수로 자란 일이 있을까?

둘째로 한 언어 대신에 두 언어에 통달하는 데 소요되는 두뇌의 노력은, 배울, 그리고 배워야 할 다른 것을 배우는 힘을 약화할 것은 확실하다……룩셈부르크에서는 어린이들이 불어와 독일어를 다 같이 쓰는 것이 보통인데, 그 토박이의 한 사람은, "두 언어를 다 완전히 구사하는 룩셈부르크 사람은 드물다"고 한다. "독일 사람들은 가끔 우리에게 '너는 프랑스 사람치고는 독일어를 아주 잘한다'고 하고, 프랑스 사람들은 '그들은 우리말을 썩 잘하는 독일 사람이다'고 할 것이다. 그러나, 우리들은 어느 말도 그 토박이처럼 말하지는 못한다. 이런 형편에서 생기는 가장 좋지 못한 일로서는, 우리에게 필요한 것들을 배우는 대신, 우리는 같은 생각을 나타내는 데, 두 가지 또는 세 가지의 말을 동시에 배우는 데 우리의 시간과 정력을 낭비하지 않으면 안 된다는 것이다." (Language에서)

이 말은 상식적인 이야기이기는 하나, 우리에게 매우 좋은 교훈이 된다. 첫째, 두 가지 언어를 동시에 배우게 되면, 두 가지 언어 구조에 끌려 생각의 곬에 혼선이 일어나서 시인과 같은 말의 명수가 되기 어렵다는 것은, 생각과 말의 밀접한 관련성으로 보아 당연히 추리할 수 있는 결론이다. 우리는 나아가서 생각의 곬에 혼선을 일으킨 이러한 사람들은 위대한 사상가, 위대한 철학가도 되기 어려우리란 것도 능히 생각할 수 있다. 여기에서 우리는 지난날 우리 나라에서 뛰어난 문학가, 뛰어난 철학가가 나오지 못했던 이유를 발견하게 된다.

지난날 우리 나라의 지식인(양반 선비)들은 세 살만 되면 중국 글자 익히기에서 시작하여 바로 한문 배우기에 들어간다. 한문의 언어 구조는 바로 중국말의 그것이다. 여기에서부터 그들은 두 언어의 사용자가 된다. 왈제 시대에도 역시 그러했다. 옛날 우리 나라에서 문학 작품다운 것을 쓴 사람은 대개는 여자이었다는 사실도 이로써 이해된다.

지금도 우리는 이러한 두 언어의 사용에서 오는, 생각의 곬의 혼선을 어느 정도 일으키고 있을 가능성이 충분하다. 우리말의 말본은 우리 토박이말에 그 토대를 두고 있다. 그러므로, 한자말을 설명하는 데는 어려운 점이 한두 가지가 아니다. 「내지」(乃至)란 말을 사전에 토씨로 잡는 일이 있고, 「자」(自)・「지」(至)를 이름씨로 잡고 있으나, 이러한 풀이는 무리한 일이다. 또 「독서」란 말을 「책읽기」와 같은 뜻을 가진, 단순한 한 낱말로 본다면 좋지만, 이 말을 굳이 한자로 표기하여 그 글자마다의 뜻풀이를 해 나간다면, 이것도 우리말의 정상적인 말의 구조와는 다른 것을 가르치게 되고, 따라서 생각의 곬의 혼선이 빚어지리라 추리하지 않을 수 없다. 「무소부지」(無所不知), 「불문가지」(不問可知), 「부지불식간에」(不知不識間), 「난형난제」(難兄難弟) 따위 모두 그러한 혼선을 일으킬 우려가 있는 말들이다.

우리가 국어 순화에서 이러한 말들부터 정리해야 하는 이유가 바로 여기에 있다.

둘째, 같은 생각을 나타내는 말을 두 가지나 세 가지를 배워야 하므로, 꼭 알아야 할 다른 일들을 배우지 못하게 된다는 것도 우리에게는 매우 중요한 사실이다. 우리말의 외래말은 꼭 필요해서 쓰는 것보다, 그렇지 않은 것이 더 많은 것 같다. 그리하여 우리말에는 뜻 같고 소리 다른 말(동의어)이 매우 많다. 뿐아니라 글 쓰는 데도 역시 그러하여 한자말의 표기는 두 가지로 되어 있어서 필요 없는 노력의 낭비를 강요하고 있다. (한자말의 쓰는 법은 사실은 네 가지이니, 한글, 한자, 가로쓰기, 내리쓰기가 그것이다. 거기에다 괄호 안에 한자나 한글을 넣는 방법까지 계산하면 여덟 가지가 된다.) 여기에서 오는 기억력의 부담과 독서 능률의 혼란을 피하기 위해서 우리는 언어 순화와 한글 전용을 부르짖는 것이다.

(3) 말의 생성 창조의 본질로 보아서

김 만중은, 앞의 말에 이어서 다음과 같이 계속하고 있다.

> 이제 우리 나라 시와 글은 그 말을 버리고 남의 나라 말을 배우니, 가령 아주 비슷하다 할지라도, 오직 이것은 앵무새의 사람 말 흉내에 지나지 않는다. 거리에서 들을 수 있는 땔나무 하는 아이나 물긷는 아낙네의, 웃으며 서로 지껄이는 것을 비록 품위 없고 속되다고 하나, 만약 그 참과 거짓을 따진다면, 진실로 학사대부들의 이른바 시부(詩賦)란 것과는 전혀 비교가 되지 않는 것이다.

어느 나라 말이든지 그로써 가락을 잘 붙여 시나 문장을 지으면 천지에 통하고 귀신을 움직일 수 있는 힘이 나는 법인데, 우리 나라에서는 제 말은 버리고 남의 말로써 시도 짓고 문장을 만드니, 이것은 앵무새의 말 흉내에 지나지 않는다는 것이다. 그러면서도 서포 자신은 이 말을 한문으로 적고 있다. 여기에서 우리는 옛날 우리 나라 선비들의 비극을 볼 수 있다. 자기가 쓰는 시나 글이 앵무새의 말 흉내에 지나지 않은 줄 알면서도 사회적 제약 때문에 한문으로 적지 않을 수 없었던 것이다.

양반 선비들의 한문의 시나 문장이 앵무새의 말 흉내처럼 거짓인 데 바해, 물긷는 아낙네나 땔나무하는 아이들의 말은 진실이라는 것은 너무나 지나친 말이 아닐까 하는 생각이 든다. 이 말은 정 송강의 가사를 칭찬한 말 가운데의 한 토막이니, 송강의 우리말로 된 가사를 높이기 위해서 이러한 과장된 전제를 제기한 것이 아닐까 하는 생각도 든다. 그러나, 우리의 언어학적 지식으로 판단하면, 이 말에는 부정할 수 없는 진리가 있는 것이다.

소쉬르는 말에서 질적으로 다른 두 면을 보았다. 한편은 머리 속에 기억되어 있는 것인데 비해, 한편은 기억되어 있는 달을 실지로 부려써서 의사를 표현하는 데 쓰이는 말이다. 전자는 「언어 능력」(스쉬르는 langue라 했음)이라 불리고, 후자는 「언어 행위」(소쉬르는 parole이라 했음)라 불린다.

이 양자는 여러 가지 면에서 다른 점이 있는데, 여기에서 필요한 사실 하나만을 든다면, 언어 능력은 한정 있는 요소로 분석되어 가억되어 있는데, 언어 행위는 무한한 다양성을 띠고 있다는 것이다. 기억되어 있는 언어 능력은 소리와 낱말과 낱말을 얽어 매는 규칙으로 이루어져 있는데, 이 세 가지가 다 일정한 수의 요소로 되어 있는 것이다. 기억되어 있는 소리(음운)의 수는 일정하며, 기억되어 있는 낱말이나 문법 규칙의 수도 일정하다. 그러나, 이 한정 있는 요소로써 꾸며지는 언어 행위는 무한한 다양성을 가진다. 우리는 낱말을 규칙에 따라 얽어매어서 월을 만드는데, 월의 수는 무한한 것이다. 그리고 이 무한한 월을 이리저리 엮어서 말을 해 나가는데, 월을 엮어내는 데는 무한한 다양성이 있는 것이다. 그러므로, 모든 사람의 말은 다 다르며, 같은 사람이 같은 내용으로 말할 때도 그 말의 짜임새는 꼭 같을 수는 없는 것이다. 그러므로, 훔볼트는 유한한 수단을 무한하게 부려쓰는 것이 말이라 하였다.

　유한한 것을 무한하게 부려쓰는 데는 부려쓰는 사람의 개인적 의도가 여기 관여되지 않을 수 없게 된다. 우리가 직면할 수 있는 환경은 무한히 다양하며, 따라서 인간은 새로운 생각이 떠올랐을 때, 새로운 환경에 처했을 때, 그것을 표현하기 위해서는 무한히 다양한 말을 창조적으로 부려쓰지 않으면 안 되는 것이다. 그러므로, 훔볼트는 언어를 「개인의 자아 창조」라 했고, 「언어는 죽은 창조물이라기보다 창조 과정으로 보아야 한다」고 한 것이다. (Chomsky : Cartesian Linguistics 참조) 촘스키가 언어 능력 자체를 생성과 변형의 과정으로 설명하려 한 것도, 언어를 부려쓰는 데 작용하는 심리 작용을 중요시한 결과이다.

　이와 같이 언어는 본질적으로 정신적인 생성 과정이며, 개인의 끊임없이 되풀이되는 정신적 창조 과정이기 때문에, 이러한 과정이 도외시된, 단순히 실용적으로만 쓰이는 언어 체계, 즉 전달의 도구로만 봉사하는 lingua franca, 또는 pidgin과 같은 언어는 진정한 언어가 아니라, 언어의 「기생 체계」(parasite system)에 지나지 않는 것이다. (Chomsky : 앞에 든 책, 그리고 Jespersen : Language 참조)

　언어의 본질을 이렇게 파악하고 보면, 김 만중이 우리 나라 양반 선비들의 한시 한문이 앵무새의 사람 말 흉내와 같다고 한 말의 참뜻을 알 수 있게 된다. 물긷는 아낙네나 땔나무 하는 아이들의 말은 진정한 말이다. 그것은, 그이들의, 말을 만들어 내는(생성하는) 정신 과정과 그이들 개인의 창조적 정신 활동이 여기 관여하고 있기 때문이다. 그러나 이에 비해 학사대부의 한시는 그러한 생성과 창조의 과정으로 이루어지지 않은 말로 만들어진 것이다. 중국 사람의 창조적 정신 과정으로 만들어진 말의 표현을 겉으로만 따와서 만든 것이 우리 나라 선비의 한시요 학문이다. 이것은 일종의 「기생 체계」이며, 의사 전달의 도구로서는 어느 정도 봉사할 수 있으나, 속에서 우러나오는 창조적 표현은 되지 못하는 것이다. 이것은 극단으로 말하면, 본질적으로 앵무새의 말 흉내와 다를 바가 없는 것이다.

우리는 여기에서 상촌 신 흠(象村 申欽, 1566~1628)의 「시여」(詩餘)란 말을 상기한다. 그는 마음에 맞은 일이 있으면 한문으로 시를 짓고 그 나머지가 있으면 우리말로 읊어 언문으로 기록한다는 것이다. 이에 대해 도남 조 윤제 선생은,

> 한국의 시가는 한시를 짓는 여기로서 짓는다 하는 것인데, 이것은 그의 솔직한 고백인 동시에 또 일반 한학자의 공통된 의견임을 알아야 할 것이다. 그러나 그는 표면 비록 여기라 하였으나, 거실은 내면 그의 시흥을 한문으로는 도저히 솔직하게 피력할 수 없는 번민도 있었을 것이니, 그 번민이 그로 하여금 한국 시가를 짓지 않을 수 없게 하여, 시조를 희작하게 된 것이리라는 것을 또한 양해하여야 할 것이다. (한국문학사)

상촌은 한학 사대가의 한 사람으로서 우리 나라 한학의 대가이다. 그러나 그는 한시만으로는 도저히 마음에서 우러나오는 시상을 다 표현하기 어려워 시조를 지었다는 것이다. 바꾸어 말하면 한문으로는 생성과 창조의 정상적인 언어 활동이 제대로 되지 않았기 때문에 그러한 정신 활동이 정상적으로 작용하는 우리 말로 시를 지었다는 것이다.

이제 우리는 우리의 본 제목으로 돌아가야 하겠다. 여기 설명한 언어의 생성 창조의 과정의 중요성과 언어 순화와는 어떠한 관계가 있을까?

토박이말의 문법 이론으로는 정상적으로 설명이 되지 않는「자……지……」,「내지」,「무소부지」따위 말이 넘쳐 흐르고, 한국말에 서양말이 섞인 것

인지, 서양말에 한국말의 토를 붙인 것인지조차 판단하기 어려운, 운동 경기의 중계 방송, 「나는 자기의 미스테익을 이마사라 알았다」 식의 말투가 아직 가시어지지 않고 있는 지금의 한국말이 생성 창조의 정신 활동으로 이루어진 정상적인 언어라고 우리는 판단하기 어렵다. 이러한 외국말과 외래말을 바판없이 무턱대고 쓰는 것은 우리 국민의 창조적인 정신 활동을 마비시킬 우려가 충분히 있음을 우리는 염려하는 것이다. 이러한, 언어 운용에 있어서의 창조적 정신의 마비는 다른 문화 부문에까지 영향을 미쳐, 모든 문화 창조의 정신을 마비시킬 것을 우리는 더욱 염려한다. 여기 우리가 언어 순화를 부르짓는 또 하나의 이유가 있다.

우리는 지난날의 두 언어 사용에서 오는 정신적 부담과 외래말과 외국말을 무턱대고 쓰는 데서 오는 생성 창조의 정신 활동의 마비 상태에서 하루 바삐 벗어나기 위해서, 토박이말을 창조적으로 부려쓰는 방향으로 언어 순화의 길을 잡아 나가야 할 것임을 주장한다.

Ⅲ. 국어 순화의 방법

국어 순화의 근본 이유와 방향은 앞에서 이미 제시한 바이다. 그러면 구체적으로 어떻게 해 나가야 할 것인가?

국어 순화는, 한마디로 말하면, 「고운말」, 「바른말」, 「쉬운말」을 가려쓰는 운동이라 할 수 있다. 첫째, 욕이나 속된 말을 쓰지 않고 점잖은 말을 써야 할 것인데, 이것은 「고운말」 쓰기요, 둘째, 표준 발음, 표준말, 표준 말본에 맞지 않는 말을 쓰지 말고, 이러한 규범에 맞는 말을 써야 할 것이니, 이것은 「바른말」 쓰기요, 셋째, 일반 국민이 잘 알아 들을 수 없는 어려운 한자말, 일본말 찌꺼기, 서양말들을 쓰지 말고, 되도록이면 우리 국민 모두가 쉽게 바로 알아 들을 수 있는 말을 써야 할 것이니, 이것은 「쉬운말」 쓰기이다.

(1) 토박이말의 순화—고운말 바른말 쓰기—

국어 순화의 대상은 외래말에만 있는 것이 아니라, 우리 토박이말에도 있다. 앞에서 지적한 바와 같이, 우리말의 연구와 교육의 역사가 짧기 때문에, 앞에서 지적한 바와 같이, 우리말의 연구와 교육의 역사가 짧기 대문에, 우리말에는 소리나 낱말이나 밑본에서 여러 가지 문제가 드러날 뿐 아니라, 토박이말을 쓰는 데도 여러 가지 문제가 드러나고 있다.

젊은이나 어린이의 말에서 욕을 빼면 별로 남는 것이 없을 정도로 심히 더럽혀진 말을 쓰는 일이 있다. 그러나, 이러한 문제들은 사회 정화가 앞서야 할 일이며, 정신 교육과 국민 교육이 더 잘 되기를 바라는 수밖에 없을 것 같다. 여기에서 더러운 욕을 벌여 놓고, 이런 말은 쓰지 말라 하는 일은 의미가 없다. 또 어떤 속되고 품위 없는 말은 쓰지 말라고 하는 일도 필요 없는 일이다. 말하는 사람이 그렇게 할 생각만 있으면 언제든지「고은말」을 쓸 수 있을 것이기 때문이다. 또 여기에서는 높임말의 잘못된 예, 표준말에 어긋난 말씨, 말의 발음이 잘못된 예들을 넣어놓고 그것을「바른말」로 고치기를 호소할 필요도 없다. 사전과 말본이 이를 고치는 데 기준이 되기 때문이다. 그러므로, 여기에서는 외래말을 어떻게 처리할 것이냐 하는 문제에 촛점을 두고 생각해 보기로 한다.

(2) 한문식 말투와 한자말—쉬운 토박이말로—

한문식의 낡은 말투는 되도톡(피할 수만 있다면) 쓰지 말도록 했으면 좋겠다. 이것은 지금 서양말을 무턱대고 쓰는 일과 근본적으로 다를 바 없기 때문이다.「무소부지」(無所不知),「무식소치」(無識所致).「방성통곡」(放聲

痛哭), 「수문수답」(隨問隨答) 따위는 얼마든지 「쉬운말」로 바꿔 말할 수 있다.

어려운 한자말은 물론, 쉬운 한자말도 할 수 있다면 쉬운 토박이말로 바꿨으면 좋겠다.

이 경우에 가장 좋은 지침이 되는 것은 한글 학회에서 엮어낸 「쉬운말사전」이다. 이 사전은 십년 전에 되었기 때문에 더 보충해야 할 필요가 있기는 하나, 실린 말이 일만 육천이나 되기 때문에 오늘날 국어 순화를 하는 데는 유일한 지침이 된다 해도 과언이 아니다. 다만 이 가운데는 그대로 받아들이기 어려운 것도 더러 발견되기 때문에 여기에서는 이 사전을 토대로 하여, 지금 우리가 언어 순화를 해나갈 구체적인 방법을 제시하기로 한다.

이 사전에 의하면 한자말을 쉬운 토박이말로 고쳐 놓은 것이 많은데, 그 가운데는,

  집집(가가), 값(가격), 집터전(가대), 탈(가면), 집임자(가주), 속옷(내의), 마음속(내심), 참벌(밀봉), 흰밥(백반), 절(사찰), 물감(염료), 싼값(염가), 잎담배(엽연초), 농사밑천(영농 자금), 콩팥(신장)

등등, 조금도 저항을 느끼지 않고 받아들일 수 있는 말들이 얼마든지 있으니, 이러한 말들은 토박이말로 쓰는 것이 좋다. 또 이런 종류의 말은 더 찾아서 이를 쉬운 토박이말로 옮기는 것이 좋을 것이다. 「하인을 막론하고」는 「누구든지」로 쉽사리 고칠 수 있으며, 「수상한 자를 발견 시……」의 「시」도 「때」로 고쳐 쓰는 것이 좋다. 신문을 읽어 보면, 쉬운말로 고칠 수 있는 말이 한자로 적혀 있는 것을 얼마든지 발견할 수 있다.

이와 같이 조금도 저항을 느끼지 않고 받아들여지는 것이 많이 실려 있으나, 어떤 것은 약간의 저항을 느끼는 것도 있으니,

가짜머리(가발), 물살이동물(수서동물), 물씻이(수세식), 배털이(수상강도), 부름장(소환장), 일난때(우사시), 돌려씀(유용)

등등은 앞의 경우와 같이 그리 쉽사리 받아 들여지지 않는다. 그러나, 이 정도의 언어 정화는, 조금만 관심만 가지면, 충분히 가능할 것으로 생각된다.

한편, 아주 드물기는 하나, 저항을 많이 느끼는 말도 더러 있다. 「전시회」를 「널어보임회」라 했는데, 이러한 말은 성공될 것 같지 않다.

우리는 지난날 우리 토박이말이 있는데도 굳이 한자말을 들여와서, 두 가지 동의어를 쓰다가 토박이말을 버린 일이 있었다. 「산」이 「뫼」를 물리치고, 「강」이 「가람」을, 「명령」이 「그걸」을, 「용」이 「미르」를, 「종」이 「쇠붚」을, 「오동」이 「머귀」를 물리친 따위, 그 예는 이루 셀 수 없다.

그러나, 지금은 달라져야 한다. 이제는 그 반대의 방향으로 나아가야 한다. 필요 없이 들여다 쓴 한자말을 우리 토박이말이 물리쳐야 하는 것이다. 국어 순화의 근본적인 뜻과 방향은 여기에 있음을 잊어서는 안 된다.

(3) 서양 외래말—쉬운 토박이말과 쉬운 한자말로—

오늘날 국어 순화 운동이 이렇게 심하게 일어나게 된 불집(도화선)은 바로 우리말 속에 넘쳐 흐르고 있는 서양 외래말과, 아직 우리말에 토착하지 않은 서양 외국말이다. 물론 어느 나라 말이든 외래말을 가지지 않은 것이 없지만, 외래말은 어디까지나 우리 토박이말로 제대로 표현이 되지 않을 경우에 한해서만 받아 들여야 하는 것이다.

이제 우리 토박이말이나 쉬운 한자말로 쉽사리 표현될 수 있는 서양 외래말을 「쉬운말 사전」에서 찾아 보면, 이것도 한자말의 경우처럼 세 가지 유형으로 나눠 볼 수 있다.

첫째, 저항을 전혀 느끼지 않고, 토박이말이나, 이미 널리 쓰여서 쉽사리 이해되는 한자말로 바꿀 수 있는 것은 매우 많다.

<토박이말←서양 외래말>
길(루트), 말썽(트러블), 비옷(레인코트), 다리미(아이론), 머리맵시(헤어스타일), 땅차(불도저), 모임(미팅), 본보기(모델케이스), 속임수(트릭), 찾아보기(인덱스)……등등.
<한자말←서양 외래말>
강도(갱), 충격(쇼크), 번호(넘버), 환영회・접대(리셉션), 휴대용(포터블), 주도권(헤게모니), 서명(사인), 소년단(보이스카웃), 상여금(보너스)……등등.

둘째, 저항을 약간 느끼기는 하나, 이 정도는 능히 이겨 나갈 수 있을 것으로 생각되는 것도 매우 많다.

<토박이말←서양 외래말>
입술연지(루지), 속눈썹칠(아이섀도), 앞수건(냅킨), 판박이(매너리즘), 뒤비치기(백미러), 본보기・간색(샘플), 물부리(파이프)……등등.
<한자말←서양 외래말>
재정보증인・후원자・광고주(스폰서), 해변양산(비치파라솔), 전단(비라), 조절(컨트롤), 한정선・최저선(데들라인), 참관인(옵저버), 언론인(저널리스트), 봉사・접대(서비스)……등등.

셋째, 저항을 꽤 많이 느끼는 것도 그 가운데는 더러 있으니, 이것까지 무리하게 바꾸기를 제안할 수는 없을 것 같으나, 한번 시도해 볼만 한 일이기는 하다.

새소식(뉴스), 일년감(도마도), 곁붙이차(사이드카), 녹막이강철(스테인), 막팔이(덤핑), 무자위(펌프), 여닫개(샤터), 소리개차(케이블카), 말

리개(드라이어)

(4) 일본말과 일본식 한자말

일본말뿐 아니라 일본식 한자말도 없애야 함은 물론인데, 이 경우에는 저항을 느끼건 말건 죄다 다른 말로 바꾸어야 한다.

<일본말>
　생선회(사시미), 이쑤시개(코지), 도미탕(타이지리), 두풍머리·덧빗대기(니부가리), 부풀거리(후까시), 머리지지개(고대), 가락국수(우동), 감(기지), 가로짜기(요꼬구미), 뒤집기(우라까에), 깃(에리), 마무리·끝손질(시아개)……등등.

<일본식 한자말>
　갈곳·가는곳(행선지), 빈차(공차), 단속(취체), 절차(수속), 신청(신입), 우선(일응), 날삯(일당), 사람몸(신병)……등등.

(5) 마무리

국어 정화란, 한마디로 말하면, 고운말 바른말 쉬운말을 가려 쓰는 운동이라 할 수 있다.

우리는 우선, 토박이말의 고운말 바른말 쓰기를 배우고, 다음으로는 그 토대 위에 한자말을 되도록이면 토박이말로 바꾸도록 해야 할 것이다. 그러나, 토박이말보다 더 쉽게 이해될 수 있는 한자말은 굳이 그렇게 고칠 필요는 없다.

이러한 제일차적 정리 작업이 끝난 뒤에 그것을 토대로 하여 서양 외래말을 먼저 토박이말로 옮겨 보고 다음으로는 한자말로 옮기는 것이 좋되, 너무 무리하게 옮겨 지나친 저항은 받지 말도록 해야 할 것이다.

일본말과 일본식 한자말의 쩌꺼기는 저항이 있건 없건 모조리 다른 말로 옮겨야 함은 물론이다.

그리고, 또 마지못한 경우가 아니면, 우리말에 토착하지 않은 외국말 섞어쓰는 버릇은 고쳐져야 한다.

마지막으로 여기 덧붙여 둘 문제는 일본이나 중국의 사람 이름, 땅 이름 부르기에 관한 문제이다. 이 경우 우리는 다음 몇 가지 문제를 고려해야 한다.

첫째, 한자는 우리 나라에서는 하루바삐 없어져야 하며, 다른 나라에서도 앞으로 언젠가는 없어질 것이다.

둘째, 일본 사람 이름에는 한자로 표기되지 않은 것이 있다.

세째, 중공에서는 땅 이름, 사람 이름에서부터 로마자로 표기하기 시작하여 점차적으로 중국말을 다 로마자로 표기하려는 움직임을 보이고 있는데, 그랬을 경우 한자를 우리 발음으로 읽는 데 기댈 곳이 없어진다.

네째, 일본이 한자를 없앴을 때도 역시 그러하다.

다섯째, 어른들은 우리 한자음으로 읽는 데 익어 있으나, 젊은 세대는 반드시 그렇지 않다. 지금 모든 신문 잡지에서 일본 이름을 일본 소리로 표기하고 있는데, 이것을 다시 한국 한자음으로 돌리기는 어렵다.

여섯째, 원칙적으로 말한다면, 고유명사는 되도록이면 그 소리에 가까운 발음으로 불러야 한다. 우리 이름이 일본식이나 중국식 한자음으로 읽히는 것을 원치 않는다면, 그들 이름도 그들 발음대로 불러야 할 것이 아닌가?

Ⅳ. 성공으로 이끄는 길

(1) 반대 의견

해방 바로 뒤에 일본말을 몰아내기 위해서「칸즈메」를「통조림」,「스시」를「초밥」등으로 고치자고 제안한 일이 있었는데, 이에 대해 일부 국어학자들까지도 비웃으며 성공하지 못하리라 했다.

지금도 여러 가지 난관이 있음을 경고하면서 이 일에 대해 비판적으로만 보려는 사람이 결코 적지 않다. 우리는 이 자리에서 그들의 신중론의 근거 및 있을 수 있는 반대 의견을 몇 가지 들어, 과연 이 운동이 이겨 낼 수 없는 어려움을 안고 있는지 검토해 보기로 한다.

첫째, 비행기를「날틀」로 하는 따위는 언어 혁명을 의미하는 것이니, 이러한 언어 혁명은 있어서도 안 되고, 또 성공될 수도 없다는 것이다.

물론 언어 혁명은 있을 수 없다. 불과 몇 달, 또는 몇 년 동안에, 한국 사람이 완전히 다른 언어 체계를 쓰게 되는 것과 같은 언어 혁명은 일어날 가능성은 없다. 언어 체계는 너무나 복잡하기 때문이다.

그러나, 우리가 앞에서 제시한 바와 같은 정도의 언어 체계의 정리는 언어 혁명이란 어마어마한 이름을 붙일만 한 현상이 되지를 못한다. 되도록이면「고운말」,「바른말」,「쉬운말」을 쓰자는 우리의 제안은 결코 언어 혁명을 의미하는 것은 아니다. 비행기를 날틀이라 하는 것은 우리 자신이 경계하는 일이다. 그런데, 누구가 그런 제안을 했기에 그분들은 입만 열면 날틀을 내세운다. 이것은 비판을 위한 비판이요, 공연한 트집에 지나지 않는다.

둘째, 언어는 민족의 공유 재산이니, 일부 정치가나 어학자가 이를 좌우할 수 있는 힘을 가질 수는 없다는 것이다.

물론, 언어는 공유 재산이다. 그러므로, 언어의 정리에는 전민족의 합의가 필요하다. 우리는 뒤에 이러한 합의에 도달할 수 있는 길을 제시할 것이지만, 여기에서 한 가지만 말해 두고자 하는 것은 이 일은 민족의 현재나 앞날을 위해서도 꼭 이루어 내어야 할 민족적 과업이란 점을 전국민이 자각해야 한다는 것이다. 그러한 자각심만 불러 일으키는 데 성공한다면 대중 전달의 수단이 보급되고, 교육이 과거 어느 때보다도 보급되어 있는 지금에 있어서는 이 합의에 이르기란 그리 어려운 일이 아니다.

　셋째, 언어 체계는 폐쇄적이기 때문에 이러한 개혁은 그리 쉽지 않다는 의견도 나올 만하다. 폐쇄적이란 외부로부터의 영향을 받아들이지 않는다는 뜻이다.

　물론 언어 체계는 상당한 폐쇄성을 가졌다. 그러나, 언어의 하부 체계를 분석해 보면, 그 중에는 폐쇄적인 것도 있고, 상당히 개방적인 것도 있다. 음운의 체계는 폐쇄적이다. 지금 우리말의 자음 체계나 모음 체계를 바꾼다든지, 소리의 길이를 세기로 바꾼다든지 하는 따위 일은 성공할 수 없다. 어릴 때 익힌 음운 관념은 거의 한 평생 그대로 지속되는 것이기 때문이다. 문밥의 체계도 역시 그러하다. 우리가 표현상 필요하다고 해서 없는 문법 범주를 새로 만들어 내기는 어려운 것이다.

　그러나, 어휘의 체계는 그렇지 않다. 이것은 개방적이다. 그렇기 때문에 우리 어휘 체계에는 많은 외래말이 스며 들어 온 것이다. 그러므로, 우리는 어휘 체계의 이러한 개방성과 그리고 유동성을 거꾸로 이용하는 것이다. 외래적인 것을 받아 들이기가 쉽다면, 그것을 몰아내기도 그리 어려운 일은 아닌 것이다. 바로 여기에 국어 순화의 이론적인 가능성이 있다.

(2) 토이기말의 예

　언어 순화에는 이겨내기 어려운 난관이 가로 놓여 있지는 않음을 우리는 앞에서 보았는데, 그러면 이러한 일이 성공한 최근의 예를 하나만 들어 보기로 한다.

　토이기는 서기 십 세기부터 아랍 글자를 받아 쓰기 시작했다. 그 결과 토이기말은 점점 줄어들고 아랍말이 많이 쓰이게 되었다. 이것은 우리 나라에서 한자를 빌어 쓴 결과 우리 토박이말이 줄어들고 한자말이 많이 쓰이게 된 것과 같은 현상이었다.

국어 순화는 왜 해야 하며 어떻게 해야 하나?   113

그러나, 1928년에 글자의 혁명이 일어나자, 토이기말은 다시 살아나기 시작했다.

글자 혁명 이전에 나온 사전에 의하면, 순수 토이기말은 38%에 지나지 않고, 아랍말·페르샤말이 58%를 차지하고 있었으니, 이것은 지금 우리나라 사전에 실린 토박이말과 한자말의 비율과 비슷하다. 그러나, 글자 혁신 이후 1966년에 나온 사전에 의하면, 토이기말이 54%로 늘어난 데 비해 외래말은 31%로 줄었다는 것이다. (한글 143호에 실린, 이 선근 씨의 논문에 의함.) 이것은 그들의 혁신적인 정신이 글자 개혁을 단행했고, 그에 따라 말에 대한 국민 전체의 태도가 달라졌기 때문이다.

한자 폐지와 국어 순화는 다른 문제라고 하는 사람도 있으나, 절대로 그렇지 않음을 우리는 토이기에서 배워야 한다. 한자 폐지는 토박이말의 발전을 촉구하는 것이다.

(3) 실천 방법

마지막으로 이 운동을 성공으로 이끌어 가기 위한 실천 방법을 제시해야겠다.

첫째, 언어 순화는 말의 잡초를 뽑아 내는 것과 같은 일인데, 이 비유가 맞지 않는 것은, 논밭의 잡초는 뽑아 버리기만 하면 되는 것이나 말의 잡초는 그렇지 않아서, 뽑아낸 자리에 그보다 더 좋은 말을 심어야 한다는 것이다. 우리는 뽑아 버릴 말을 가리고 그 뒤에 심을 더 좋은 말을 찾아내어야 한다.

이 일은 한 십년 전에 한글 학회에서 조사 검토한 일이 있다. 앞에서 말한 「쉬운말 사전」이 그 결과로 나타난 것인데, 오늘날 우리는 이것을 버리고 백지 상태에서 다시 출발할 필요는 없다. 여기에 일만 육 칠백이나 되는 많은 말이 실려 있으므로 이것을 정리하고 보충하면 우리 언어 순화의 좋은 길잡이가 될 수 있을 것으로 우리는 자신한다.

둘째, 위의 일을 해 나가는 데는 상당히 많은 비용이 든다. 이러한 일을 부탁할 만한 독지가가 나오기를 기다릴 수는 없는 일이다. 이 일은 정부에서 뒷받침을 해 주지 않으면 안 될 것이다.

또, 정부에서는 그 행정 기구를 통해서 이 운동을 적극 지원하거나, 정부가 바로 이 일을 맡아서 하게 되면, 그 성과는 매우 커질 것이다.

세째, 교육의 힘은 매우 크다. 각급 학교가 일치 단결해서 이 일에 임한다면 큰 효과가 나타날 것이다.

대중 전달 기관의 영향은 절대적이다. 신문 잡지 라디오 텔리비전 등이 이에 관심을 가지고, 그 말씨를 다듬는 데에만 그치지 말고, 고운말 바른말 쉬운말 쓰기를 조직적으로 권장한다면, 그 성과는 가장 클 것이다.

문필가의 영향이 크다는 것은 말할 것도 없다. 우리는 세계 여러 나라의 언어가 한 위대한 작가의 언어에 큰 영향을 받아 발전한 예를 얼마든지 볼 수 있는 것이다.

네째, 언어는 민족의 공유 재산이다. 몇 사람의 의견만으로 언어는 움직여지지 않는다. 민족 전체의 합의가 필요한 것이다. 그러므로, 온 국민은 국어의 중요성, 국어를 사랑하는 것이 곧 나라를 사랑하는 마음을 기르는 구체적이요 가장 빠른 길임을 깨닫고, 고운말 바른말 쉬운말을 가려 쓰는 정성을 가져야 할 것인데, 이러한 정신을 기르고 지도하는 것은 역시 학자 문필가 교육자 정부 대중 전달 기구 등이다.

다섯째, 말은, 안으로는 정신과 관련을 맺고 있으며, 밖으로는 글자의 옷을 입고 있다. 그리고 이러한 성격을 가진 말은 사회적 현상으로 나타난다. 그러므로

말의 정화는 사회 정화를 전제로 하며, 또한 그것을 유도하는 원인이 되기도 한다.

말의 정화는 민족의 자주 정신을 전제로 하며, 또한 그것을 유발하는 근원이 되기도 한다.

말의 정화는 한글 전용을 전제로 하며, 또한 그것은 말의 정화로 결실을 얻게 된다.

말본의 체계와 용어에 대하여

박 종국*

Ⅰ. 말·글의 뜻과 말의 가름

사람의 사상과 감정 및 의사를 표현 전달하는 데는 말과 글의 방법이 있다 하겠는데, 말이란 사람의 생각을 소리로 나타낸 것이고, 글이란 말을 글자로 나타낸 기록이다. 그러므로 말과 글은 겨레 문화 창조의 활동과 발전에 있어서 무엇보다도 가장 중요한 것이다. 그러나 한 겨레의 표상인 사람의 말은 나라에 따라 각기 다름이 하나의 특징이다.

세계 고금의 말을 언어학자들은 여러 가지의 표준을 정하여 몇 가지의 종류로 나누는데, 그 가운데에서도 가장 많이 채용되는 분류법으로는 계통적(系統的) 분류법과 형태적(形態的) 분류법이 있다.
첫째 계통적 분류법에 의하여 나누는 말겨레[語族] 종류로는 인도 게르만(인도 유럽) 말겨레, 햄 셈 말겨레, 우랄 알타이 말겨레, 인도지나(印度支那) 말겨레, 말레이 폴리네시아 말겨레, 빤투 말겨레, 뜨레비다 말겨레, 아메리카 말겨레 등 여덟 가지로 나눠 볼 수 있으며, 둘째 형태적 분류법에 의하여 분류하는 갈래의 종류는, 떨어지는말[孤立語], 붙는말[덧붙는말, 附着語], 굽치는말[屈折語, 屈曲語]의 세 가지이다. 이러한 분류법에 의해 나눈 것으로 볼 때 우리 배달 겨레의 말은, 계통

---

* 「나라사랑 제38집」, 외솔회, 1981. 3. 21

적으로는 우랄 알타이 말겨레[語族] 가운데 알타이 말겨레 계통에 붙는다고 할 수 있다. 그러나 우랄 말겨레와 알타이 말겨레의 친족 관계는 아직 언어학적으로 완전히 증명된 것이 아니므로 의문점이 많다. 그리고 형태적으로는 붙는말[附着語]에 해당되는 것이다.

Ⅱ. 우리말의 발달 상황

우리말은 단군 성조 이래 반만 년의 긴 역사의 흐름 속에서 우리 배달 겨레와 더불어 자라왔다 할 수 있다. 이 자라온 경로로 보아, 또 앞으로도 우리 겨레와 함께 영구히 발달 발전하여 갈 것임이 분명하다고 여겨진다. 하지만 이 지나간 역사를 살펴볼 때에 우리 조상이 우리말에 대한 구체적인 연구와 참다운 교육을 한 기간이 과연 어느 정도나 되었던가 하는 것이 문제이다.

훈민정음이 창제가 되기 전까지는 우리나라의 글자는 고대 문자(古代文字)와 이두 문자(吏讀文字) 및 구결 문자(口訣文字)들의 세 가지가 있었다 하겠으나, 이 글자 가운데 단군 시대에 사용되었다는 고대 문자는 어떠한 문자였는지 도무지 알 수가 없고, 삼국 시대부터 쓰기 시작하여 오늘날까지 전해 오고 있는 이두와 구결에 있어서도, 이두 문자는 한문 글자를 빌어서 그 소리[音]와 새김[釋, 訓]으로써 우리 배달말을 적는 것이므로 우리말을 자유자재로 적을 수 없을 뿐만 아니라, 그 표기법이 일원성이 없어서 한자 교육이 선행되어야 했고, 구결 문자는 본래 한문의 구두(句讀)를 떼는 데 쓰기 위한 일종의 보조적 편법에 지나지 않는 글자로서, 한문 글자의 갓머리[冠]나 변(邊) 등을 따서 그 소리[音]나 새김[釋, 訓]을 빌어 글자를 만든 것이므로, 이중의 부담이 되어 우리 겨레는 이두나 구결을 버리고 중국 문자인 한문자를 쓰지 않으면 안 되게 됐던 것이다.

　그러나 원래 우리 한국말과 중국말과는 근본적으로 그 구조가 서로 다를 뿐만 아니라, 한자는 그 수효가 극히 많고 그 글자의 획이 복잡하여서 그것을 잊지 않고 일일이 기억하여 통달하기는 여간 어려운 일이 아닐 수 없었다. 더구나 일반 백성들이 이를 습득하여 일상 생활에 불편 없이 사용하기란 도저히 바랄 수 없는 일이었다. 이런 상황이 삼국 시대와 고려를 거쳐 조선 초에 이르기까지 계속되다가 영명하신 우리 겨레의 스승 세종대왕에 의해 훈민정음, 곧 한글이 창제 반포됨으로써 우리말의 연구가 본격적으로 시작되고, 정상적으로 기록되기 시작하다가, 훈민정음이 반포된 지 59년 만인 1504년부터 연산군과 그 뒤의 임금 및 모화 사상에 심취된 일부 양반 계급의 한학자들의 생각의 잘못으로 한문자만을 계속 숭상하고 우리말과 글은 대수롭게 여기지 않아 연구하거나 교육하는 데에 거의 등한시하여 오기를 수백 년 동안이나 되었다. 그리하여 우리글인 한글은 양반 계급의 한학자층이 아닌 한문을 모르는 한문 무식자층이나 부녀들 사이에 의하여 겨우 명맥을 유지하여 오게 된 때문에 훈민정음 창제 당시의 원리를 잊어버리고 무법하게 글자의 소리만 비슷하게 적어 오는 형편으로 퇴보하게 되었다. 갑오경장(甲午更張)을 기점으로 하여 국어에 대한 인식이 달라지어 다시 연구도 하고 쓰기도 하는 등 다소의 희망적인 움직임이 일기 시작하였지만, 일본의 침략으로 합병을 당하게 되자 그들의 잔악 무도한 악정으로 인하여 그나마 무자비하게 짓밟히는 수난을 겪게 되었다. 그러나 이 일본인들의 포악한 악정과 우리 글 말살 정책 속에서도 몇몇 분의 끈질긴 애국 학자들이 국어를 수호하기 위하여 갖은 고통은 물론 목숨까지 아끼지도 않고 연구와 교육에 적심 전력 하심에 따라 36년간이란 긴 세월이 지났건만 그 이상의 퇴보 없이 부분적이나마 발전에 발전을 거듭하여 오던 중 다행히 연합군에 의해 해방과 더불어 우리말 우리글의 부흥 운동은 강력하게 추진되어 본격적인 연구와 교육으로 말미암아 어느 정도 고루 발전하여 가고 있는 중이다.

이와 같이 역사적인 측면에서 살펴볼 때에 진정한 국문의 연구와 교육의 역사는 광복과 더불어 정부가 수립된 뒤부터 잡아야 될 것이다. 그러므로 우리말과 글은 연구 기간과 교육 기간의 부족으로 아직까지 해결을 보지 못한 부분이 다소 있음은 사실이다. 그러나 이는 지금도 우리가 세종대왕의 문자 창제의 정신과 한글 운동의 역사적 정신을 잇고자 하는 각성만 선다면 멀지않아 곧 해결될 것이다.

Ⅲ. 말본의 체계 정립과 학교 말본 통일까지의 상황

우리 겨레가 말본 의식이 싹트기 시작한 시기는 상당히 오래되었다고 할 수 있으니, 고대 국어의 이두(吏讀) 표기라든지, 세종대왕의 문자 창제 후인 1445년(세종 27년)에 지은 『용비어천가(龍飛御天歌)』의 표기에서 말본스런 정리 또는 통일의 욕구가 일부분이나마 나타나 있고, 이보다도 세종이 친히 지었다는 『월인천강지곡(月印千江之曲)』의 표기에서는 현대식 맞춤법으로 되어 있음을 엿볼 수 있으니, 세종대왕의 언어학에 대한 지식에 감탄하지 않을 수 없다. 그러나 말본이 어떠한 체계를 갖추어 책자로서 간행되기 시작하기는 갑오경장으로 크게 깨달음이 있은 뒤부터이니, 인쇄본으로서 가장 일찍 간행된 말본 책은 1897년 1월에 간행된 리 봉운(李鳳雲) 님의 『국문정리(國文正理)』, 1908년 1월에 간행된 최 광옥(崔光玉) 님의 『대한문전(大韓文典)』, 1909년 2월에 간행된 유 길준(兪吉濬) 님의 『대한문전(大韓文典)』, 1908년 11월과 1910년 4월에 간행된 주 시경(周時經) 님의 『국어문전음학(國語文典音學)』·『국어문법(國語文法)』이다. 이 책들을 효

시라 하겠으나, 과학적 연구 방법이라는 측면에서 본다면, 리 봉운 님의 『국문정리』는 한글 각성시에 있어서 맨 먼저의 한글갈이니만큼 그 노력과 정신은 높이 평가하여야 될 것이나, 말본 책으르서는 들어 말할 수 없으며, 또 최 광옥 님과 유 길준 님의 『대한문전』 역시 간단한 말본 책이므로 한글의 학설로서는 그리 볼 만한 것이 많지 못하다.

그러나 우리나라 말본갈[文法學]이 명실공히 근대적인 학문적 체계를 정립하게 된 것은 주 시경 님의 국어학에서부터라 할 수 있다. 그의 학문은 그 뒤 그의 후계 학자들에 의하여 거의 완벽한 우리 배달 겨레의 말본 체계가 이룩되었다. 그 중에서도 최 현배(崔鉉培) 님은 주 시경 님의 학통을 이어받아, 그것에서 한 걸음 더 나아가 국어의 말본을 총 정리하여 체계적으로 완성시켰으니, 1929년 4월 및 1937년 2월에 간행된 『우리 말본』은 우리나라 국어학사상 획기적인 업적이다.

우리는 오늘날 우리 말본에서 으뜸씨[主要詞, 實辭]와 토씨[助詞] 및 씨끝[語尾]에 대한 처리의 어떠함을 보아서 말본의 학설 체계(體系)를 대체로 세 가지로 크게 나눌 수 있는바 이는 분석적 체계(分析的體系)와 절충적 체계(折衷的體系) 및 종합적 체계(綜合的體系)이다. 첫째 분석적 체계는 주 시경 님이 처음으로 열어놓은 학설 체계로서 이에 따른 분으로는 김 두봉(金枓奉)·김 윤경(金允經)·장 지영(張志暎)·권 덕규(權悳奎)·이 상춘(李常春) 님 들이고, 둘째 절충적 체계는 최 현배 님이 처음으로 열어놓은 체계로서 이에 따른 분으로는 이 희승(李熙昇)·정 인승(鄭寅承)·허 웅(許雄) 님 들이고, 셋째 종합적 체계는 정 열모(鄭烈模) 님이 처음으로 열어놓은 학설 체계로서 이 숭녕(李崇寧) 님들이 이에 속한다고 할 수 있다.

이 말본 체계들은 우리 말본의 체계를 크게 나누어 본 것인데 학자에 따라서 같은 학설 체계에 속하면서도 낱말의 씨가름[品詞分類] 자체가 조금씩 다르고, 낱말의 규정 방법부터가 다르다. 또 말본의 용어 사용에 있어서도 어느 분은 순 우리말 용어를 썼는가 하면, 어느 분은 일본말 말본에서 비롯된 한자말 용어를 부끄럼 없이 빌어 쓰고 있어 말본 용어 문제에 큰 고민거리가 되고 있는 것이 오늘날의 상황이다. 이러한 상황 속에서 갑오경장 이후 그간 발간된 말본 책은 중·고등 학교 학생용 교과서를 포함하여서 무려 1백여 종이 넘으나 이 중 학술서다운 저작은 그리 많은 수가 못 된다.

우리 말본의 용어가 순 우리말 용어로 쓰여지기 시작하기는 20세기 초 우리 국어 운동의 선각자인 주 시경 님이 우리말을 과학적으로 연구하여, 독특한 말본 체계를 세울새 우리말의 본은 우리말로서 풀이하여야 한다는 대 원칙을 세우고, 이를 원칙에 벗어남이 없이 실천하면서부터이라 하겠다. 그는 순수한 우리말 사용을 말본에서뿐 아니라 일반적 표현에 있어서까지 토박이말을 모색 사용하였으니, 그 주지(主旨)는 바로 우리 배달말의 발달을 이루고, 그 발달된 우리 배달 겨레의 말로써 겨레의 문화를 드높이고, 겨레의 정신을 북돋우며 겨레의 생활을 향상시키고자 함에서였던 것이다. 그러기 때문에 주 시경 님이 돌아간 뒤에도 직접 간접으로 선생의 가르침을 받은 최 현배·김 윤경·김 두봉·장 지영·이 윤재·이 규영·권 덕규·신 명균 등 몇몇 학자들과 조선어 학회, 곧 한글 학회가 선생의 이상(理想)을 본받아, 일본 사람들의 포학한 악정과 우리말 우리글 말살 정책 속에서도 조금도 굴하지 않고 국어의 연구·정리·보존 및 보급에 힘을 다함으로써 국어 애호와 겨레 정신 배양에 큰 도움이 되었음은 물론 우리 국어 국문학사상 길이 빛날 국어학의 명저인 『우리 말본』과 『한글갈』 및 『조선 문자 급 어학사(朝鮮文字及語學史)』가 나올 수 있었던 것이다.

1945년 8월 15일 광복과 더불어서 조선어 학회(현 한글 학회)가 중심이 되어 국어 교과서를 편찬하는 동시에 국어 교원 양성을 위한 국어 강습회가 열려지고, 미군정부는 우리말 존중 시책을 세워서 일반 용어의 '우리말 도로 찾기'와 전문어(학술어 포함)의 '우리말로의 용어 제정'의 두 갈래의 일이 실행됐던 것이다. 여기서 이 '우리말 도로 찾기'의 일반 용어의 일은 문교부에 국어 정화 위원회란 심의 기구를 두어 일을 맡게 하였고, 전문 술어의 일은 학술 용어 제정 위원회란 심의 기구를 설치, 일을 맡게 하였던 것이다. 1948년 대한민국 정부가 수립된 그 이듬해인 1949년에는 문교부에서 말본 용어 제정 위원회를 만들어 순 우리말 용어와 한자말 용어를 제정하여 얼마동안은 그 병행을 허하였는 바, 이것이 바로 1963년 7월 25일 학교 말본 통일안 공포 이전까지의 상황이다. 그 당시 문교부가 제정한 순 우리말 말본 용어는 우리 말본에만 한한 것이 아니라 서양 말본의 용어에까지 미치었다. 이 말본 용어 제정 당시의 상황을 말하면 대다수의 위원들이 다 종래 써 오던 순 우리말 용어만을 사용하도록 결정하자 함에 대하여 위원 중 두 분만이 한자말 사용을 주장했으나, 순 우리말 용어를 사용하자는 대다수 위원들이 이분들의 뜻을 존중해 표결하지 않고 양보하여 순 우리말 용어와 한자말 용어의 두 갈래로 정하고 얼마동안 그 병행을 허하였다는 것이다.

한글 학회에서도 문교부가 1949년도에 정한 순 우리말 말본 용어가 교육계의 환영을 받아 널리 사용되자 1957년 3월 회원 총회에서 순 우리말로 된 말본 용어를 아무 이의 없이 채택할 것을 결의하고 문교부 교과서 편찬에 대본이 되는 국어 사전인 『중사전』과 『소사전』 및 『한글 맞춤법 통일안』들의 용어를 모두 순 우리말 용어로 고치어 교육 기관은 물론 일반 사회에 널리 퍼지어 일반 용어가 되어 한글 세대들의 환영 속에 발전하고 있었다.

　한일 회담이 재개될 무렵인 1961년 10월 어느 날 문교부 국어과 교육과정 심의회에서 교과 과정 개편의 의논이 끝난 다음, 학교 말본의 통일이 필요하다는 말이 있어 여러 가지로 검토한 끝에 이 문제는 "말본 전문가들이 협의하여 성안하는 것이 좋겠다."는 결론이 났다. 이에 따라 문교부는 12월에 최 현배·김 윤경·이 희승·정 인승·이 숭녕 5인의 모임을 가지게 했으나, 아무런 회의도 없이 환담만 하다가 말았다 하니, 여기서 의심하지 않을 수 없다. 아마도 참석한 분들의 성분을 분석한 결과 순 우리말 용어 사용을 주장하는 분이 한자말 용어 사용을 주장하는 분보다 숫자적으로 더 많기 때문에 불리한 결론이 날 것이 뻔하므로 회의 진행을 보류한 것이 아닌가 여겨진다.

　아닌게 아니라 그 뒤에 문교부는 1962년 2월에 학교 말본 통일 소위원회를 발족시켰으나 최 현배 님 등으로부터 소위원회 구성의 부당함을 건의 받고 이 회는 흐지부지 끝나고 말았으나, 동년 3월 2일 학교 말본 통일 준비 위원회를 새로 발족시켰으니, 위원 구성은 말본 교과서를 쓰지 아니한 말본 연구가와 문인, 외국어 말본 학자 등 13인(이 강로·강 길운·김 성배·이 훈종·김 한배·조 문제·김 형규·윤 태영·이 웅백·박 목월·박 술음·장 석진·이 희복)으로 되었다. 동 위원회의 위원들은 3월 20일부터 30일까지 4차에 걸쳐 회합을 가지고 학교 말본 체계와 말본 용어에 관한 협의안을 작성하였는데, 그 내용은 다음과 같다.

　① 대구분 품사
　　㉠ 체언 — 명사, 대명사
　　㉡ 용언 — 동사, 형용사

ⓒ 수식어 — 부사, 관형사, 감탄사
   ⓔ 관계어 — 접속사, 토씨
   ※ '아니다'는 형용사, '이다'는 어미, '존재사'는 형용사로
     처리한다.
  ② 문법 용어는 사회적으로 흔히 쓰는 것을 골라 절충식으
     로 만든다.

 여기에서 우리는 대구분 품사를 9품사로 하고, 또 씨[품사]의 이름을 토씨만 빼놓고 모두 한자말 용어를 썼다는 점에 대하여 의아하게 생각하지 않을 수 없다.

 1963년 2월 1일 문교부는 학계, 교육계의 대표로서 학교 말본 통일을 위한 간담회를 구성하여 통일 방안에 대한 여러 문제를 협의 심의 방침을 다음과 같이 결정하였다.

  ① 문법 용어는 외국어 문법에도 공용하는 점에 유의한다.
  ② 품사는 국어 문법의 보편성에 유의하여서 교육 과정 정
     신에 맞도록 한다.
  ③ 심의 기관은 교육 과정 심의회로 하되, 필요하면 전문
     위원회를 구성한다.
  ④ 여기서 결정된 통일안은 중·고등 학교 문법 교과서에
     적용시킨다.

 여기에 있어서도 우리 말본 용어를 통일하자 하는데 결정된 내용 중 첫째가 외국어 문법에도 공용하는 점에 유의한다 하였다는 점이다. 그리고 이상하게 여겨지는 것은 공교롭게도 이러한 간담회가 있자마자 그 다음 날인 2월 2일, 국어국문학회(당시 대표 이사 : 김 민수)에서 중·고등 학교 국어 말본 통일 문제에 대한 건의서를 냈는데, 그 내용은 다음과 같다.

학교 말본은 통일하되, 통일된 말본 교과서 편찬 요항을 시급히 작성하여 이에 따른 검인정 교과서도 개편하게 함으로써, 교육의 기본인 국어 교육의 질적 향상책을 실천에 옮기기 바란다.

이 때의 국어국문학회는 말본 용어에 한자말 용어 사용을 주장하는 학회였다.

문교부는 학교 말본 통일을 위한 간담회가 있은 뒤인 3월 18일 제1차 국어과 교육 과정 심의회에서 학교 말본 통일 전문 위원들의 협의안을 재검토하였는데, 김 형규 님이 제안 설명함으로써, 이의 없이 씨가름을 학교 말본 통일 준비 위원회에서 작성한 '대구분 품사' 대로 9품사로 채택하였다. 이 때 우리 말본사에 획기적인 업적을 쌓으신 최 현배 님은 이 소식을 전해 듣고 다음과 같이 말하였다.

"학교 말본 통일을 강행하려는 문교부 사무 담당자의 심리가 정당한 문교 행정의 수행에 있지 않고, 딴 사심 달성의 욕망에 사로잡혀 있음은 누구나가 간파할 수 있는 일이며 '초차 회의에서 단번에 씨가름을 아홉 가지로 결정하였다.' 는 것은 이 음모적 획책을 증명하는 바이며, 사심스런 어떤 안의 전격적 통과가 아니고 무엇이냐?"

이러한 상황 속에서 문교부는 3월 26일 제 2차 국어과 교육 과정 심의회를 개최, 학교 말본 통일에 대한 제2차 협의회를 가지려고 했으나, 성원 미달로 유회되니, 그 후 문교부는 그 동안에 진행한 일이 잘못된 것을 인식해서인지는 알 수 없어도 4월 3일자로 국어과 교육 과정 심의회 회원에게 말본 통일을 논할 기구를 개편하겠으니 참석하라는 통지서를 냈다. 이 통지서를 받고 회에 참석한 최 현배 님은 회의 벽두에 말하기를,

"지난번(3월 18일)의 회의에서 아홉 씨로 결정한 경과를 듣고, 그 위원회의 안을 심의회에서 채택하였다는 것은 부당한 처사이며, 더구나 말본 통일을 논하는 회에 말본 교과서 저자도 대부분 빼어 놓고서 한다는 것은 상식에 벗어난 처사임을 지적하면서, 이런 회의에서 의논할 수 없음을 역설하였으나 그네들은 기어코 그 회로써 밀어 나가겠다 하므로, 나는 퇴장하고 말았다."

라고 하였다. 그러나 회의는 계속되어, 씨가름의 체계와 용어의 통일 문제에 대하여 협의하였으나 의견이 일치되지 않아, 결국 학교 문법 통일 전문 위원회를 구성하여 여기서 전문적인 시안을 논의하기로 하였다(『한글 학회 50년사』, 학교 갈본 통일 논란 참조).

문교부는 그 해 4월 8일 제3차 국어과 교육 과정 심의회를 열어 학교 말본 통일 전문 위원회를 구성하였으니, 그 구성 위원을 분석하면, 교과서를 지은이 8인(우리말 용어 채택한 분 : 김 윤경·최 현배·정 인승·장 하일, 한자말 용어 채택한 분 : 이 희승·이 숭녕·최 태호·김 민수)과 교과서 안 지은이 8인(우리말 용어 찬성하는 분으로 볼 수 있는 분 : 박 창해·강 윤호·유 제한, 한자말 용어 찬성하는 분으로 볼 수 있는 분 : 김 형규·이 희복·이 응백·윤 태영·이 훈종)의 16인으로 한자말 용어 찬성하는 분 9인, 우리말 용어 찬성하는 분 7인으로 분석될 뿐 아니라, 이 위원 속에는 문교부 편수관도 포함되어 있으니 이 전문 위원 구성 자체가 공정성을 가졌는가를 심히 의심하지 않을 수 없다. 그리하여 그 결과로 벌어진 것이 해방과 더불어 대한민국 정부 수립 후 문교부가 1949년도에 제정한 당시의 정신과 광복 전후 전국을 통하여 거의 일색으로 채택되어 학교 말본을 교육하던 상황을 무시하고 거의 정반대로 학교 말본 용어가 순 우리말 용어가 아닌 한자말 용어로 통일되니, 배달 겨레의 한글 문화 창조의 기운과 방향으로 볼 때 한심한 일이 아닐 수 없다.

Ⅳ. 학교 말본 통일안의 시비와 문젯점

 문교부는 학교 말본 통일을 위해 1963년 4월 15일부터 5월 22일까지 12차에 걸쳐 학교 말본 통일 전문 위원회를 열어 학교 말본 용어 심의를 끝내고, 이 회에서 결정한 사항을 모두 국어과 교육 과정 심의회에 넘겨 6월 4일과 6월 10일 및 6월 18일 등 3회에 걸쳐 심의케 하여 학교 말본 용어를 거의 한자말 용어로, 씨가름은 9씨(명사, 대명사, 수사, 동사, 형용사, 관형사, 부사, 감탄사, 조사)로 결정하였으나, 한글 학회를 위시한 국어학자, 영문학자, 문인, 지방 대학 교수, 국어국문학회 부산 지회, 재경 자연 과학 교수 유지, 전국 중·고등 학교 국어 교사 등의 반대 건의가 빗발치듯이 일자 문교부는 학교 말본 통일안 공포를 잠시 보류하다가 어째서인지 1963년 7월 25일 문교부령으로 공포하여, 중학교는 1965년부터, 고등학교는 1966년부터 이 안대로 시행하도록 하였다.

 학교 말본 통일안을 졸속하게 처리함으로써 여러 가지 문젯점을 우리에게 안겨 주었으니, 첫째는 말본의 전체 체계를 생각하지 않고 한 부분 한 부분 떼어 거수로 가결하여 갔으므로 일관된 원칙이 없이 씨가름이 되었음이 문제이요, 둘째는 말본의 용어도 어떤 분야는 순 우리말로, 어떤 분야는 한자말 용어로 결정하였음은 물론 닿소리, 홀소리, 말본, 대중말 같은 용어는 이미 일반 용어라 하여 규제 밖에 둠으로써 배우는 사람이나 가르치는 사람에게 오히려 불편만 초래하게 되었음이 문제이요, 세째는 한글 운동의 정신이나 한글 세대들이 자랑하는 겨레 문화 건설을 위하여 문제이요, 네째는 학술적인 문제를 다룸에 있어 학문의 업적의 비중을 고려하지 않고 처리하였다는 점이다. 얼른 생각하면 문제의 발단이 되었던 대학 입시 문제에 혼란이 없을 것으로 생각하나 천만의 말씀이다. 교과서에 따라 내용이 얼마든지 달라질 가능성을 내포하고 있다. 이런 식의 통일안은 오히려 모순만 더 늘어나게 되었을 뿐이다.

문교부는 그 때의 여론의 진위를 참작하여 공포를 보류하고 전문 어학자들로 구성된 권위 있는 위원회를 다시 만들어 상당한 기간을 두고 재검토하여야 되었을 터인데, 이를 공포함으로써 각계의 반대 성명서, 건의서, 의견서, 청원서, 반대론, 각 신문의 찬반 시비에 대한 논평, 공개 학술 강연회 등등의 반대 여론은 계속되어 오늘에 이르기까지 그 여운이 가시지 않고 있다. 이러한 일을 볼 때에도 세종대왕의 정신이 아쉽다. 세종대왕께서는 그 과학적이고도 실용성을 가진 낱소리 글자[音素文字, 單音文字]를 오랜 동안 연구 끝에 만들어 놓고서도 이를 바로 반포하지 않으시고 3년 동안이란 긴 시간을 두고 다시 검토 시험한 뒤에 반포하지 않았는가? 세종의 말씀 가운데

> "대개 그 일을 쉽게 생각하는 자는 일을 이루지 못하고, 그 일을 어렵게 생각하는 자는 일을 반드시 이룬다."

라는 말이 있다. 그렇다. 학문이란 졸속을 피하고 진지성과 항구성 및 가치성을 생각하여야 하는 법이다. 일이란 여론에 의해서 결정할 수 있는 일과 그렇지 못한 일이 있는 법이다. 그 중요한 학술 문제를 투표로 결정한다는 것은 언어 도단이다. 어찌 말본 연구에 한 평생을 바친 대가나, 초보자나 모두 같게 한 표의 가치로 여길 수 있느냐 말이다. 이러한 것이 민주주의 방식이라 생각하면 큰 잘못이다. 이렇게 생각을 한다면 전문가도 필요없다는 말이 되지 않는가? 진리는 하나이지 둘이 있을 수 없지 않은가? 아인슈타인(Einstein, Albert)의 상대성 원리(相對性原理)를 투표로 결정할 수 있겠는가? 한 사람의 의견이 백 사람 만 사람의 의견보다 더 중요한 일이 얼마든지 있음을 우리는 역사를 통

하여 알고도 남음이 있지 않은가? 아직도 늦지 않았다고 본다. 국가 만년 대계를 위하여 재검토가 있어야 될 것으로 본다.

V. 말본의 씨가름과 순 우리말 용어의 권장

우리 말본의 체계는 앞에서 말한 바와 같이 크게 나누어서 분석적 학설 체계와 절충적 학설 체계[준 종합적 학설 체계] 및 종합적 학설 체계가 있다고 하겠다.

이 가운데에서도 우리 나라의 말본 사상 학술적으로나 교육적으로나 가장 큰 영향력을 끼친 체계는 주 시경 님의 분석적 체계와 최 현배 님의 절충적 체계인데, 최 현배 님의 학설 체계는 주 시경 님의 학통을 이어받아 이를 한층 더 발전시켜서 국어의 말본을 총 정리하여 체계적으로 완성한 체계이다.

1929년 4월 및 1937년 2월에 발행된 최 현배 님의 『우리 말본』은 현대어를 놓고 볼 때 현재 발간된 어떠한 책보다도 체계적으로 완성되었을 뿐 아니라, 해박하고 풍부한 용례로써 다루었기 때문에 어느 누구든 앞으로 장기간의 연구 없이는 이를 능가할 만한 저술을 당분간 낼 수 없다고 생각하여, 또 이 저서를 바탕으로 한 『중등 말본』과 『고등 말본』 책이 일제시대부터 해방 후 정부 수립 뒤에도 전국을 통하여 거의 일색으로 채택되어 온 교과서였기 때문에 오늘날 중등 교육을 받은 한글 세대들 쳐놓고 이 말본 교육을 받지 않은 사람이 거의 없다.

또 말본 교육을 맡은 일선 교사들의 말을 빌면, 최 현배 님의 말본책을 갖고 교육을 하면 논리 정연하여 막힘이 거의 없고, 간혹 막힘이 있다면 『우리 말본』이라는 저작이 있어 바로 해결할 수 있는데 반해, 딴 분들의 말본 책을 갖고 교육하면 막히는 부분이 한두 군데가 아니어서 학생들로부터 질문을 받게 되면 곤란할 때가 적지 않다는 말이다. 어떤 이는 이러한 일이 있을 때마다 교육자적 양심상 그냥 넘기기가 안 되어서 원저자에게 직접 묻기도 하나 그리 쉬운 문제가 아니라 한다. 이러한 일이 현재도 모르기는 하나 있지 않은가 할 때 그냥 듣고만 넘길 일이 아니라고 생각한다.

문교부가 학교 말본 통일안을 제정할 때 구성된 학교 말본 통일 전문 위원회 위원 16인 중 8인이 말본 교과서를 지은이로 되어 있는데, 이분들의 씨가름의 보기틀을 보이면 다음의 표와 같다.

최현배	이름씨 대이름씨 셈 씨	움직씨 그림씨	잡음씨	토 씨	매김씨	어찌씨	느낌씨	10
김윤경	이름씨	움직씨 이음씨 그림씨 맺음씨	겻 씨 이음씨 맺음씨	겻 씨 이음씨 맺음씨	매김씨	어찌씨	느낌씨	9
이희승	명 사 대명사	동 사 형용사 존재사	(어미)	조 사	관형사	부 사 접속사	감탄사	10
정인승	이름씨	움직씨 그림씨	토 씨	토 씨	매김씨	어찌씨	느낌씨	7
이숭녕	명 사 대명사 수 사	동 사 형용사	(어미)	(어미)	관형사	부 사	감탄사	8
장하일	임자씨	풀이씨	(토)	(토)	매김씨	어찌씨	느낌씨	5
최태호	명 사 대명사	동 사 형용사	(토)	(토)		관형사	부 사	감탄사	7
김민수 (외 3인)	명 사	동 사 형용사	(토)	(토)	관형사	부 사 접속사	감탄사	7

이 여덟 분들 중에 말본의 체계를 개척한 분은 절충적 체계를 처음

열어놓은 최 현배 님 한 분뿐이요, 다른 분들은 이미 개척한 체계를 따른 데 지나지 않으며, 또 개인 저서다운 학술서를 내놓은 분도 몇 사람이 되지 않는다. 적어도 학교 교육을 위한 검인정 교과서를 쓴다면 먼저 학술서를 쓴 다음 교과서를 써야 순서가 아닌가 한다. 왜냐하면 공부하는 학생이나 일선 교사들이 교육할 때 의문 나는 부분이 있으면 개인의 학술서를 보고 바로 이해하도록 해 주어야 하기 때문이다. 문교부가 학교 말본 통일안을 제정할 때 위원 구성을 이 점을 창작 구성하여야 되었을 것이다. 개인 저서가 있는 분들과 일선 교사들을 중심으로 위원 구성을 하여 심의하였더라면 말본에 있어서 가장 중요한 씨가름이 이렇게 불합리하게 9가지(이름씨=명사, 대이름씨=대명사, 셈씨=수사, 움직씨=동사, 그림씨=형용사, 매김씨=관형사, 어찌씨=부사, 느낌씨=감탄사, 토씨=조사)로 가르지 않았을 것이다.

우리 나라 말본 체계 중 종합적 체계를 개척한 정 열모 님도 절충적 체계를 개척한 최 현배 님이 잡음씨로 본 '이다'를 움직씨에 넣어 그 아랫질 구분으로 가른 조동사로 보지 않았는가? 그뿐이랴, 이분은 글월에 있어서 '이다'를 띄어쓰기까지 하였다(신편 고등 국어 문법 참조), 또 박 승빈(朴勝彬) 님도 '이다'를 잡음씨[指定詞]로 보았고(『조선어학』 참조), 허 웅(許雄) 님도 잡음씨로 보았으며(『우리 옛말본』 참조), 이 희승 님도 '이다'와 '아니다'를 대어로 보았다(『국어 대사전』 참조). 이러한 문제는 좀더 연구하면 자연히 해결될 일을 남이 연구한 것도 검토하지 않고 얕은 지식으로 경솔히 판단한 결과일 것이니, 반드시 조속한 시일 내에 시정되어야 한다고 본다.

이상으로 볼 때 필자의 소견을 말한다면 '이다'와 '아니다'는 최 현배 님의 학설 체계와 같이 풀이씨의 한 가지로 보아 별도의 잡음씨로 잡아야 한다. 그리하여 우리 말본의 씨가름은 10씨(이름씨, 대이름씨 셈씨, 움직씨, 그림씨, 잡음씨, 매김씨, 어찌씨, 느낌씨, 토씨)로 갈라야 함은 물론, '이다'는 띄어 써야 한다고 본다. 학교 말본 통일안과 같이 잡음씨에 해당하는 '이다'는 토씨로, '아니다'는 그림씨로 다룸은 그 형태로나 그 기능으로 볼 때 모순점이 있어 일관된 원칙이 설 수가 없으니, 잘못된 것을 알고도 시정하지 않는다면 진리를 가르치겠다는 학문적 교육적 양심에 위배되는 일이라 아니 할 수 없다.

말본 용어를 한자말 용어로 하느냐 순 우리말 용어로 하느냐 하는 문제는 앞에 말한 바와 같이 우리 말본의 기준이 최 현배 님의 체계에 따라 교육되어 왔으므로 그 술어에 따름이 마땅하고 또 한편으로는 겨레 문화 건설에 미치는 영향을 생각할 때 그야말로 무엇보다도 중대한 문제가 아닐 수 없다. 그러므로, 졸속하게 처리하기보다는 먼저 역사적인 고찰을 하고 현대 문화에 미치는 영향과 미래 문화까지를 생각한 다음 권장하는 방안을 취하여야 된다고 본다.

조선조 숙종 때의 정치가이며 소설가인 김 만중(金萬重) 님은 그의 『서포만필(西浦漫筆)』에서,

> "이제 우리 나라의 시와 글은 그 말을 버리고 남의 나라 말을 배우니, 가령 아주 비슷하다 할지라도, 오직 이것은 앵무새의 사람 말 흉내에 지나지 않는다. 거리에서 들을 수 있는 땔나무 하는 이이나 물 긷는 아낙네의 웃으며 서로 지껄이는 것을 비록 품위 없고 속되다고 하나 만약 그 참과 거짓을 따진다면, 진실로 학사 대부들의 이른바 시부(詩賦)란 것과는 전혀 비교가 되지 않는 것이다."

라고 하였다. 이 말은 정 철(鄭澈)의 가사를 칭찬한 말 가운데의 한 토막인데, 그는 우리 나라에서는 제 말은 버리고 남의 말로써 시도 짓

고 월[文章]을 만드니 이것은 앵무새의 말 흉내에 지나지 않는다는 것이다.

 우리 나라 말본 책을 최초로 낸 리 봉운 님의 『국문졍리(國文正理)』의 서문에서

 "우리 나라 사람이 한문만 숭상하고, 제 글은 아모 이치도 알지 못하니, 참 절통하다. 대저 문명에 제일 요긴한 것은 국문인데, 이것의 이치를 밝히어 쓰고 또 교육하여야만, 나머지 만 가지 일이 다 그로부터 나와 잘 될 것이다."

라고 하였다.
 우리 나라 신문화 운동의 선구자이며, 학자인 유 길준(俞吉濬) 님은 『서유견문(西遊見聞)』의 서문에서

 "한글만을 가지고 쓰는데 능통하지 못함을 겸연쩍게 여긴다."

라고 하였다.
 미국인 헐버트(Homer B. Hulbert : 1863. 1. 26~1949. 8. 5) 님은 『ᄉ민필지(士民必知)』의 서문에서,

 "또 생각건대 중국 글자로는 모든 사람이 빨리 알며 널리 볼 수가 없고, 대한 한글은 본국 글자뿐더러 선비와 백성과 남녀가 널리 보고 알기 쉬우니, 슬프다. 대한 한글이 중국 글자에 비교하야 크게 요긴하건만은, 사람들이 긴한 줄도 알지 못하고 도로혀 업신여기니, 어찌 애석지 아니하리오."

라고 하였다.
 백암(白巖) 박 은식(朴殷植) 님은 『학규신론(學規新論)』 가운데의

'논국문지교(論國文之敎)'에서

"나라의 문명은 교화에 달려 있으니, 교화의 힘찬 융성을 기하려면, 온 백성으로 하여금 반드시 한 사람의 무학자도 없게 한 후에 가능한 것이다. 온 백성으로 하여금 모두 배움에 밝게 하려면 국문의 교육보다도 더 편리한 것이 없다. 대저, 한문은 사람마다 다 능하게 할 수는 없으나, 국문만은 남녀를 막론하고 모두 배울 수 있다. 내가 요지음 보니, 순검(巡檢)이나 병정, 시정 상인이나 부인 여자, 심지어 노예에 속하는 사람들까지도 《제국신문(帝國新聞)》을 읽지 못하는 사람이 없었다. 매양 지나면서 이 소식을 듣고서 일찌기 문화의 진보된 기미에 대하여서 기뻐하지 않은 적이 없었다. 만약 이 국문의 신문이 없었더라면 세계의 형편이나 조정의 득실, 실업(實業)의 발명에 대하여 어찌 이들이 꿈속에서나마 생각했었던 것이겠는가는 그것이 민지(民智)를 개발하려는데 유익한 것은 틀림이 없다."

라고 하였다.

서 재필(徐載弼) 님의 주재로 1896년 4월 7일 창간된 《독립신문(독닙신문)》 창간호의 논설에서

"각국에서는 사람들이 남녀 물론하고 본국 국문을 먼저 배워 능통한 뒤에야 외국 글을 배우는 법인데 우리 나라에서는 한글은 아니 배우드라도 한문만 공부하는 까닭에 한글을 잘 아는 사람이 드므니라……우리 나라 한글이 한문보다 얼마가 나흔 것이 무엇인고 하니, 첫째는 배우기가 쉬우니 좋은 글이오, 둘째는 이 글이 우리 나라 글이니 우리 나라 백성들이 알아서 온갖 일을 한문 대신 한글로 써야 상하 귀천이 모두 보고 알아보기가 쉬을 터이라. 한문만 늘 써 버릇하고 한글은 폐한 까닭에 한글만 쓴 글은 우리 나라 백성이 도리어 잘 알아보지 못하고 한문을 잘 알아보니 그게 어찌 한심치 아니하리오."

라고 하였다.
　조선조 말기 국어학을 중흥시킨, 현대 국어학의 선구자인 주 시경(周時經) 님은 『국어문법』에서

　　"기(씨)의 갈래 아홉의 이름은 국어로 만든 것이니, 혹은 줄임이오, 혹은 만듦이라. 한자로 만들면 그 문자의 뜻으로만 풀이하고자 하는 버릇이 있어 그 정의를 말하지 않으면 잘못 오해하기 쉬우니, ……한자로 만들기는 국어로 만들기보다 불편하며, ……하여간 국어에 국어를 쓰는 것이 좋지 않겠느냐……."

라고 하였다.
　이 말은 주 시경 님이 말본의 술어는 한결같이 순 토박이말을 쓰고 있는데, 그 이유를 말한 것이다. 그리고 『국어문전음학』에서,

　　"제 나라를 보존하며 제 나라를 일어나게 하는 길은 나라의 바탕을 장려함에 있고, 나라의 바탕을 장려하는 길은 제 나라의 말과 글을 존중하여 쓰는 것이 가장 중요하므로, 제 나라의 말과 제 나라의 글이 어떤 나라 말과 어떤 나라의 글만 같지 못하더라도 제 나라의 말과 제 나라의 글을 갈고 닦아 빛내며, 찾고 기워 기어이 만국에 뒤지지 않기를 도모하겠거늘, 슬프다. 우리 단군 이래로 덕정(德政)을 베풀던 그 훌륭한 말과 글자[子母]의 분별이 간요(簡要)하여 기억하여 씀이 편리한 글자[文字]를 개국 사천 년이 넘도록 연구한 일이 없다."

라고 말하였으니, 이 말의 뜻은 나라가 왕성하여지려면 자기 나라의 말과 글을 존중하여 연구하고 써야 한다는 것을 강조한 것이다.
　또 『국어문전음학』에서

　　"제목의 훈민정음의 뜻은, 백성을 가르치는 바른 소리이라 함이니, 말의 잘못이 많은 까닭에 소리[音]를 바로잡아야 글을 이룰 수 있을 것이다. 그러나 이것으로써 백성을 가르치지 아니하면, 잘못된 버릇을

고칠 수 없고, 잘못된 버릇을 고치지 못하면 올바른 말과 글을 얻지 못할 것이요, 올바른 말과 글을 얻지 못하면 다른 나라 글을 영구히 쓸 것이요, 다른 나라 글을 영구히 쓰면 우리 국민이 나라 바탕을 영구히 잃어버릴 것이요, 우리 국민이 나라 바탕을 영구히 잃어버리면 우리 국민의 앞 길이 형편 없는 지경에 이를 것이니, 이러한 폐단을 구하려면, 불가불 말의 잘못을 고치고 소리를 바로잡아 올바른 말과 글을 이루고, 또 이것으로 백성을 가르쳐야 되리라는 것이다."

라고 말하였으니, 이는 훈민정음의 뜻을 풀이한 것이다.

위와 같이 우리 선각 몇 분과 미국인 헐버트 님의 말을 살펴보아 아는 바와 같이 제 나라 말과 나라의 성쇠와는 직접적인 관련성이 있다는 것을 알게 되었으니, 국운이 성하려면 나라의 말과 글이 잘 정리되어 있어야 한다.

그러므로 말본 용어에 있어서는 우리말의 독특성과 한글 창제의 의의 및 한글 운동의 역사적인 정신을 보았을 때나, 죽순같이 자라오는 한글세대들의 건전한 자주 문화 창조 의욕을 배양하기 위해서나, 국어 교육의 실제 효과적인 발전을 위해서나, 세계 각국이 외래어를 배척하고 제 나라의 토박이말로써 학술 용어를 정하는 마음가짐으로 보나, 말본 용어는 순 우리말 용어를 사용하여야 된다고 생각한다.

아울러 문교부는 제5공화국 탄생과 함께 현재 무원칙하게 통일된 학교 말본 통일안 사용을 보류하고, 씨가름 등의 재검토는 물론, 학교 말본 용어에 있어서 순 우리말 용어 사용을 권장하는 방안으로 교과서를 개편하여야 된다고 본다.

[줄거리가 된 참고 서적]

주 시경 : 『국어문전음학』
주 시경 : 『국어문법』
최 현배 : 『우리 말본』
최 현배 : 『한글갈』
최 현배 : 『고희 기념 논문집』
김 윤경 : 『한국문자 급 어학사』
김 윤경 : 『나라말본』
김 윤경 : 『한결 국어학 논집』
허 웅 : 『우리 옛말본』
허 웅 : 『우리말과 글에 쏟아진 사랑』
허 웅 : 『한글과 민족문화』
허 웅 : 『언어학 개론』
이 희승 : 『국어학 개설』
유 길준 : 『서유견문』
김 두봉 : 『깁더 조선말본』
박 승빈 : 『조선어학』
정 열모 : 『신편 고등 국어 문법』
김 계곤 : 《나라사랑》 제4집 '주 시경 선생의 후계 학자 최 현배 선생'
김 계곤 : '외솔 선생의 잡음씨 설정에 대하여'(강연 요지)
김 민수 : 『주 시경 연구』
김 석득 : 『주 시경 문법론』
문 효근 : 《나라사랑》 제4집 '주 시경 선생의 후계 학자 김 윤경 선생'
이 응호 : 『개화기의 한글 운동사』
이 응호 : 『미군정기의 한글 운동사』

박 종국 : 『훈민정음』
박 종국 : 『말본사전』
한글 학회 : 『한글 학회 50년사』
외솔회 : 《나라사랑》 제1집, 제4집

말본책 보기틀

— 우리 말본책 보기틀 —

우리 말본책 보기틀

I. 국어로 된 달본책

책 이 름	지은이	편 날 짜	편 곳	비고
국문정리 (國文正理)	리봉운 (李鳳雲)	1897년(建陽 2) 1월	국문각 목판	
조선문전 (朝鮮文典)	유길준 (兪吉濬)	1897년(光武 1) ?		필사
조선문전 (朝鮮文典)	유길준 (兪吉濬)	1904년(光武 8) 6월		필사
조선문전 (朝鮮文典)	유길준 (兪吉濬)	1905년(光武 9) 11월		필사
국문문법 (國文文法)	주시경 (周時經)	1905년(光武 9)		필사
조선문전 (朝鮮文典)	유길준 (兪吉濬)	1906년(光武 10) 5월		유인
대한국어문법	주시경 (周時經)	1906년(光武 10) 6월		유인
소리갈	주시경 (周時經)	1906년(光武 10) 8월		유인
대한문전 (大韓文典)	유길준 (兪吉濬)	1907년(隆熙 1) 12월		유인
대한문전 (大韓文典)	최광옥 (崔光玉)	1908년(隆熙 2) 1월	안악면학회 (安岳勉學會)	
국어문전음학 (國語文典音學)	주시경 (周時經)	1908년(隆熙 2) 11월 6일	박문서관 (博文書館)	
대한문법 (大韓文法)	김규식 (金奎植)	1908년(隆熙 2)		유인
말	주시경 (周時經)	1908년(隆熙 2)		필사

책 이름	지은이	편 날 짜	편 곳	비고
대한문전 (大韓文典)	유길준 (兪吉濬)	1909년(隆熙 3) 2월 18일	융문관(隆文館)	
초등국어어전 (初等國語語典) 1, 2, 3	김희상 (金熙祥)	1909년(隆熙 3) 3월 20일		
고등국어문전(高 等國語文典) 권일 (卷一)	주시경 (周時經)	1909년(隆熙 3)		유인
국어문법 (國語文法)	주시경 (周時經)	1910년(隆熙 4) 4월 15일	박문서관 (博文書館)	
조선어전 (朝鮮語典)	김희상 (金熙祥)	1911년(明治 44) 10월 15일	보급서관 (普及書館)	
조선어문법 (朝鮮語文法)	주시경 (周時經)	1911년(明治 44) 12월 29일	신구서림(新舊 書林)·박문서관 (博文書館)	
조선문법 (朝鮮文法)	김규식 (金奎植)	1912년(明治 45) 9월		유인
조선어문법 (朝鮮語文法)	주시경 (周時經)	1913년(大正 2) 9월 27일	박문서관 (博文書館)	
말의 소리	주시경 (周時經)	1914년(大正 3) 4월 13일	신문관(新文館)	석판
조선 말본	김두봉 (金枓奉)	1916년(大正 5) 4월 13일	신문관(新文館)	
조선문법 (朝鮮文法)	안확 (安廓)	1917년(大正 6) 1월 20일	회동서관 (滙東書館)	
조선어법 (朝鮮語法)	남궁억 (南宮檍)	1918년(大正 7) ?		필사
현금조선어법 (現今朝鮮語法)	이규영 (李奎榮)	1920년(大正 9) 7월 12일	신문관(新文館)	
조선어문법제요 (상)(朝鮮語文法 提要)(上)	강매 (姜邁)	1921년(大正 10) 3월 30일	광익서관 (廣益書館)	
조선정음문전 (朝鮮正音文典)	김원우 (金元祐)	1922년(大正 11) 4월 18일	조선도서주식 회사(朝鮮圖書 株式會社)	
선문통해 (鮮文通解)	이필수 (李弼秀)	1922년(大正 11) 6월 30일	한성도서주식 회사(漢城圖書 株式會社)	

우리 갈본책 보기틀   145

책 이름	지은이	편 날 짜	편 곳	비고
깁더조선말본	김두봉 (金枓奉)	1922년(大正 11)	새글사·회동서 관(滙東書館)	
수정조선문법 (修正朝鮮文法)	안확 (安廓)	1923년(大正 12) 4월 25일	회동서관 (滙東書館)	
신찬조선문법 (新撰朝鮮文法)	이규방 (李奎昉)	1923년(大正 12) 8월 12일	이문당(以文堂)	
경음문전	리필수	1923년(大正 12) 8월 23일	조선정음부활회	
잘 뽑은 조선말과 글의 본	강매(姜邁) ·김진호(金 鎭浩)	1925년(大正 14) 5월 18일	한성도서주식 회사(漢城圖書 株式會社)	
조선 말본	김윤경 (金允經)	1925년(大正 14) 6월 21일		유인
조선어문법 (朝鮮語文法)	이상춘 (李常春)	1925년(大正 14) 10월 28일	숭남서관 (崧南書館)	
조선문전요령 (朝鮮文典要領)	홍○○ (洪○○)	1927년(昭和 2) 1월~6월	「현대시론·대중 공론(現代詩論· 大衆公論)」 잡 지연재	
울이 글틀	김희상 (金熙祥)	1927년(昭和 2) 4월 5일	영창서관 (永昌書館)	
중등교과조선어문 전(中等敎科朝鮮 語文典)	이완응 (李完應)	1929년(昭和 4) 1월 23일	조선어연구회 (朝鮮語研究會)	
우리 말본 첫째매	최현배 (崔鉉培)	1929년(昭和 4) 4월 13일	연희전문학교 출판부(延禧專 門學校出版部)	
조선 문법 강화 (朝鮮文法講話)	이병기 (李秉岐)	1929년 9월~1930년 9월	조선강단(朝鮮 講壇) 잡지연재	
정선 조선어 문법 (精選朝鮮語文法)	조선어연구 회(朝鮮語 研究會)	1930년(昭和 5) 1월 15일	박문서관 (博文書館)	
조선어의 품사분 류론(朝鮮語의 品 詞分類論)	최현배 (崔鉉培)	1930년(昭和 5) 12월	조선어문연구 (朝鮮語文研究) 소재	
조선어학 강의 요 지(朝鮮語學講義 要旨)	박승빈 (朴勝彬)	1931년(昭和 6) 7월 30일	보성전문학교 (普成專門學校)	
개정 철자 준거 조선어법(改正綴 字準據朝鮮語法)	박상준 (朴相埈)	1932년(昭和 7) 1월 25일	동명서관 (東明書館)	

책 이 름	지은이	편 날 짜	편 곳	비고
정선 조선어 문법 (精選朝鮮語文法)	강매 (姜邁)	1932년(昭和 7) 4월 20일	박문서관 (博文書館)	
조선말본	김윤경 (金允經)	1932년(昭和 7) 7월 13일	배화 제4호 소재(培花第4號所載)	
조선어전 초본 (朝鮮語典抄本)	장지영 (張志暎)	1932년(昭和 7)		유인
조선어 문법 (朝鮮語文法)	신명균 (申明均)	1933년(昭和 8) 12월 30일	상식보급회 (常識普及會)	
중등 조선 말본	최현배 (崔鉉培)	1934년(昭和 9) 4월 5일	동광당서점 (東光堂書店)	
조선어학 (朝鮮語學)	박승빈 (朴勝彬)	1935년(昭和 10) 7월 2일	조선어학 연구회(朝鮮語學研究會)	
중등학교 조선어 문법(中等學校朝鮮語文法)	심의린 (沈宜麟)	1936년(昭和 11) 5월 20일	조선어연구회 (朝鮮語研究會)	
중등교육조선어법 (中等教育朝鮮語法)	최현배	1936년(昭和 11) 5월 21일	동광당서점 (東光堂書店)	
우리 말본	최현배	1937년(昭和 12) 2월 25일	연희전문학교 출판부(延禧專門學校出版部)	
간이 조선어 문법 (簡易朝鮮語文法)	박승빈	1937년(昭和 12) 8월 28일	조선어학 연구회(朝鮮語學研究會)	
조선 어문 정체 (朝鮮語文正體)	권영달 (權寧達)	1941년(昭和 16) 8월 20일	덕흥서림 (德興書林)	
한글의 문법(文法)과 실제(實際)	박종우 (朴鍾禹)	1946년(4279) 6월	중성사 출판부(象聲社出版部)	
국어 문법	이상춘	1946년(4279) 9월 7일	조선국어학회 출판국(朝鮮國語學會出版局)	
신편 고등 국어 문법	정렬모 (鄭烈模)	1946년(4279) 10월 20일	한글문화사	
쉬운 조선 말본	박창해	1946년(4279) 11월 1일	계문사(啓文社)	
조선 문법 연구 (朝鮮文法研究)	홍기문 (홍○○)	1947년(4280) 6월 30일	서울신문사 출판부	
국어 풀이씨 가름	유재헌 (柳在軒)	1947년(4280) 7월 25일	국학사(國學社)	

책 이 름	지은이	편 날 짜	편 곳	비고
중학 국문법책	김근수	1947년(4280) 8월 15일	문교당(文教堂)	
중등 새 말본	장하일	1947년(4280) 12월 1일	교재연구사(教材研究社)	
중등 국어 문법	이영철	1948년(4281) 1월 13일	을유문화사	
중등 조선 말본	최현배	1948년(4281) 3월 15일	정음사	
말의 소리	주왕산	1948년(4281) 3월		유인
나라 말본	김윤경	1948년(4281) 5월 15일	동명사	
중등 말본	김윤경	1948년(4281) 7월 10일	동명사	
중등 국어 문법	박태윤	1948년(4281) 8월 15일	경성인서사(京城印書社)	
초급 국어 문법 독본	정렬모	1948년(4281) 9월 20일	고려서적주식회사	
고급 국어 문법 독본	정렬모	1948년(4281) 9월 20일	고려서적주식회사	
고어의 음운과 문법(古語의 音韻과 文法)	이숭녕(李崇寧)	1949년(4282) 4월 1일	문화당(文化堂)	
재미나고 쉬운 새 조선 말본	이인모	1949년(4282) 8월 20일	금릉도서주식회사	
표준 말본(2책)	장하일	1949년(4282) 8월 25일	종로서관	
표준 중등 말본	정인승(鄭寅承)	1949년(4282) 9월 15일	아문각	
초급 국어 문법	이희승(李熙昇)	1949년(4282) 9월 19일	박문출판사(博文出版社)	
개편 국어 문법(改編國語文法)	심의린(沈宜麟)	1949년(4282) 12월 15일	세기과학사(世紀科學社)	
국어 강의(國語講義)	정경해(鄭暻海)	1953년(4286) 11월 20일	한국대학통신교육출판부(韓國大學通信教育出版部)	
국어 문법	김민수(金敏洙)	1955년(4288) 4월 1일	영화출판사(永和出版社)(大學國語中)	
중등 국어 문법	이숭녕	1956년(4289) 3월 30일	을유문화사(乙酉文化社)	
고등 국어 문법	이숭녕	1956년(4289) 3월 30일	을유문화사(乙酉文化社)	
표준 고등 말본	정인승	1956년(4289) 4월 1일	신구문화사(新丘文化社)	

책 이 름	지은이	편 날 짜	편 곳	비고
표준 중등 말본	정인승 (鄭寅承)	1956년(4289) 4월 1일	신구문화사 (新丘文化社)	
고등 문법	이희승 (李熙昇)	1956년(4289)	박문서관 (博文書館)	
중등 문법	이희승	1956년(4289) 4월 5일	박문서관 (博文書館)	
중등 말본 (1, 2, 3)	최현배 (崔鉉培)	1957년(4290) 2월 15일	정음사	
중학 말본 (Ⅰ, Ⅱ, Ⅲ)	최태호	1957년(4290) 3월	사조사 (思潮社)	
새 고등 문법	이희승	1960년(4293) 3월 15일	일조각 (一潮閣)	
고등 국어 문법	이숭녕 (李崇寧)	1960년(4293)	을유문화사	
새 중학 문법	김민수·남광우·유창돈·허웅	1960년(4293) 3월	동아출판사 (東亞出版社)	
새 고교 문법	김민수·남광우·유창돈·허웅	1960년(4293) 3월	동아출판사 (東亞出版社)	
새 중등 문법	이희승	1961년(4294) 3월 5일	일조각(一潮閣)	
중세 국어 문법 (中世國語文法)	이숭녕 (李崇寧)	1961년	을유문화사 (乙酉文化社)	
학교 문법 통일안 공포		1963년 7월 25일		
옛 말본	허웅	1969년 10월 9일	과학사	
국어 구조론(한국어의 형태·통사 구조론 연구)	김석득	1971년 3월 5일	연세대학교 출판부	
우리 옛말본	허웅	1975년 4월 20일	샘문화사	
국어문법	서정수	1994년 12월 1일	뿌리깊은 나무	
현대 나라 말본	김승곤	1996년 1월 1일	박이정	

Ⅱ. 일본어로 된 말본책

책 이름	지은이	편 날 짜	편 곳	비고
한어(韓語)	안영중 (安泳中)	1906년(明治 39) 7월 20일	석총저남 (石塚猪男)	
한어통(韓語通)	전간공작 (前間恭作)	1909년(明治 42) 5월 18일	환선주식회사 (丸善株式會社)	
한어문전 (韓語文典)	고교형 (高橋亨)	1909년(明治 42) 6월 23일	박문관(博文館)	
한어 연구법 (韓語硏究法)	약사사지롱 (藥師寺知朧)	1909년(明治 42) 10월 15일	반선서옥 (半仙書屋)	
조선 어법 급 회화서(朝鮮語法及會話書)	조선총독부 (朝鮮總督府)	1917년(大正 6) 6월 15일	조선총독부 (朝鮮總督府)	
응용자재 조선 어법 상해(應用自在朝鮮語法詳解)	노기주 (魯璣柱)	1925년(大正 14) 4월 25일	박문서관	
조선어 발음 급 문법(朝鮮語發音及文法)	이완응 (李完應)	1926년(大正 15) 4월 3일	조선어연구회 (朝鮮語硏究會)	
현행 조선 어법 (現行朝鮮語法)	정국채 (鄭國采)	1926년(昭和 1) 12월 25일	궁일대광당 (宮日大光堂)	

Ⅲ. 구라파어로 된 말본책

(1) *Remarks on the Corean language*, by Ch. Gützlaff, Chinese Repository, Ⅰ, 1833.

(2) *Aperçu de la langue Coréenne*, par L. de Rosny, Journal Asiatique, Ⅵ, 1864.

(3) *La langue*, par Ch. Dallet, Histoire de l'Eglise de Corée

Paris, 1874.
(4) *Corean Primer*, by J. Ross, Shanghai 1877.
(5) *The Corean language*, by J. Ross, China Review, 1878.
(6) *Notes on the Corean language*, by J. MacIntyre, The China Review, VIII, 1879.
(7) *A Comparative Study of the Japanese and Korean languages*, by W. G. Aston, JRASGBI, August, 1879.
(8) *Grammaire Coréenne*, par les Missionnaires de Corée, Yokohama, 1881.
(9) *Korean Speech*, by J. Ross, Shanghai 1882.
(10) *The Corean Language*, by W. E. Griffis, Corea, the Hermit Nation, London 1882.
(11) *En-moun mal cháik, A Corean Manual or Phrase Book with Introductory Grammar*, by J. Scott, Shanghai 1887.
(12) *Mannel de la langue Coréenne Parlée*, par M. C. Imbault—Huart, Paris, 1889.
(13) *An Introduction to the Korean Spoken Language*, by H. G. Underwood, Yokohama, 1889.
(14) *Introduction*, by J. Scott, English-Corean Dictionary, Seoul, 1891.
(15) *A Corean Manual or Phrase Book with Introductory Grammar*, by J. Scott, Seoul, 1893.
(16) *Difficulties of Korean*, by J. S. Gale, Korean Repository IV, 1897.
(17) *Korean Grammatical Forms*, by J. S. Gale, Yokohama, 1893, 1903, 1916.

(18) *An Introduction to the Korean Spoken Language*, rev. ed. by H. H. Underwood, Seoul, 1914.

(19) *Koreanische Konversations-Grammatik mit Lesestücken und Gesprächen*, von P. A. Eckardt Heidelberg. 1923(2冊).

(20) *Remarks on the Korean language*, by G. J. Ramstedt, MSFOU, 58, 1928.

(21) *A Partial Bibliography of Occidental Literature on Korea*, by H. H. Underwood, Seoul, 1930.

(22) *Grammatik der Koreanischen Sprache*, von P. L. Roth, Tokwon, 1936.

(23) *A Korean Grammar*, by G. J. Ramstedt, Helsinki, 1939.

(24) *Uber die Struktur der Altaishen Sprachen*, by G. J. Ramstedt, JSFO, 55, 1951.

국어순화정책 2

값 15,000원

2015년 12월 21일 인쇄
2015년 12월 27일 발행

엮은 데 사단법인 **국어순화추진회**

펴낸 데 **세종학연구원**
서울특별시 마포구 동교동 201-50
등록번호 : 제313-2007-000053호
등록일 : 2007. 2. 27
전화 02-326-0221
팩스 02-326-0178
전자우편 sejongpress@gmail.com

펴낸 이 : 박은화

인　쇄 : (주)신영프린팅

이 논문집은 **한글재단**과 **세종학연구원**의 지원을 받아 만들었습니다.

ISBN 978-89-955405-8-7　94700
ISBN 978-89-955405-7-0 (세트)